Das Buch

Viele erleben und beobachten mit Erschrecken, wie häufig Liebesbeziehungen zerbrechen. Die schmerzliche Erfahrung, daß Liebe in Haß umschlagen kann, daß Partner, die miteinander glücklich waren, sich im Streit trennen, führt zu Resignation und zu Zweifeln an der eigenen Liebesfähigkeit. Dies ist der Ausgangspunkt von Peter Schellenbaum. Einfühlsam macht der Psychotherapeut und Psychoanalytiker deutlich, daß jeder Mensch neben [illegible] Sehnsucht nach liebender Verschmelzung ebenso sehr den Wu[illegible] und Freiheit verspürt. Die Auflösung der pat[illegible] merhin ermöglicht hat, äußere G[illegible]o Freiräume zu schaffen, führt in [illegible]aß solche Grenzen selbst gesucht [illegible]us ergibt sich die Notwendigkeit [illegible]be; nur so kann Liebe lebendig bleiben. Nur das [illegible] ermöglicht das Ja zum Partner.
Schellenbaum zeigt einen Weg auf, der verhindern kann, daß der der anfänglichen Verliebtheit notwendig folgende Drang zur Abgrenzung, zur Rückbesinnung auf das eigene Selbst, zu Trennung oder erstarrter Symbiose führt. Indem man den Wunsch nach Freiraum auch beim anderen achtet, erlangt man bewußt die Fähigkeit, diesen anderen als ebenfalls eigenständige Persönlichkeit hinter den eigenen Projektionen zu erkennen und sich so innerhalb der erotischen Beziehung weiter zu entwickeln und zu verwirklichen.

Der Autor

Peter Schellenbaum wurde 1939 geboren. Er ist Studienleiter am C. G. Jung-Institut in Zürich sowie Psychotherapeut und Psychoanalytiker. Nach dem Studium der Theologie war er von 1971 bis 1975 Studentenpfarrer in München. 1979 ließ er sich mit einer eigenen Praxis in Zürich nieder. Er veröffentlichte u. a.: ›Homosexualität des Mannes. Eine tiefenpsychologische Studie‹ (1980); ›Stichwort: Gottesbild‹ (1981), ›Abschied von der Selbstzerstörung‹ (1987), ›Die Wunde der Ungeliebten‹ (1988).

Gehört das Nein in die Liebe?

Ein Mann kam zur Tür der Geliebten und klopfte.
Eine Stimme fragte: »Wer ist da?«
»Ich bin es«, antwortete er.
Da sagte die Stimme:
»Hier ist nicht genug Platz für mich und dich.«
Und die Tür blieb geschlossen.
Nach einem Jahr der Einsamkeit und Entbehrung
kam der Mann wieder und klopfte.
Von drinnen fragte eine Stimme:
»Wer ist da?«
»Du bist es«, sagte der Mann.
Und die Tür wurde ihm geöffnet.
(Jaluddin Rume)

Gehört das Nein in die Liebe? Dann müssen wir lernen, in einer Weise nein zu sagen, daß die Liebe nicht zerstört, sondern gefördert wird. Was wir im Aufbrechen einer Liebe ohne eigenes Zutun zunächst als das Gegebene erfahren, ist nicht ein Nein, sondern das bedingungslose Ja zu einem Menschen, der uns so fern war und jetzt auf einmal so nahe, so vertraut scheint. Das Ja, das in der ersten Verliebtheit ein bloßes Gefühl war, kann zum Wort werden, durch das eine Ehe geschlossen wird. In diesem Falle scheint das Glück zweier Menschen davon abzuhängen, ob das gegenseitige Ja uneingeschränkte Gültigkeit behält. Jedes »Ja – aber«, gar jedes Nein geht uns gegen den Strich, stört die Harmonie, kündigt Schlimmes an: Streit, Untreue, Trennung, Scheidung. Kommt trotzdem einmal ein Nein, fast gegen den eigenen Willen, über die Lippen, sind wir rasch zum Einlenken bereit: »Doch, natürlich, ich meinte es gar nicht so.«

Wir können noch nicht zwischen einer Abwehr unterscheiden, die eigentlich nur die in jeder Bindung nötige Abgrenzung meint, und einer Abwehr, die über die Abgrenzung hinaus den andern vom eigenen Leben ausschließen will. Wir haben noch nicht gelernt, *in* der Liebe nein zu sagen.

Der paradiesische Zustand des bedingungslosen Ja dauert trotz stärkster Verliebtheit oft nur wenige Wochen oder Monate. Seine merkwürdigste Eigenschaft ist es, plötzlich ins Gegenteil umzuschlagen. Aus dem totalen Ja wird das totale Nein. Der kleinste Anlaß genügt, um das süße Gefühl der Einheit, in dem alle Unterschiede dahinschmelzen, zu beenden und das gegensätzliche Gefühl der Fremdheit in uns aufkommen zu lassen. Nach der entgrenzenden Harmonie wieder das Abstekken zweier Reviere und die Isolierung zweier einzelner: keine Abgrenzung beider in der gemeinsamen Liebe, sondern der erste Ausbruch aus der Liebe. Kommen die beiden nach diesem ersten Nein wieder zusammen, sitzt der Schreck noch lange so sehr in den Knochen, daß sie sich zu arrangieren anfangen. Das verbindende Ja der ersten »glücklichen« Zeit wandelt sich unmerklich zu einer gegenseitigen Anspruchshaltung, die seelisch trennt. Beide sitzen am gleichen Tisch und wollen versorgt werden. Jeder möchte seine eigenen Bedürfnisse befriedigt haben. Daß er gleichzeitig den anderen versorgen soll, kompliziert die Sache und zieht unaufhörlich kleine Machtkämpfe und immer ausgeklügeltere Absprachen nach sich, um deren Wortlaut mit oder ohne Worte gestritten wird. Das anfängliche Ja ist aus dem Zentrum gerutscht und klebt jetzt an der Oberfläche zur Legalisierung des Versorgungsinstitutes, das beide gemeinsam betreiben.

Wer nicht lernt, *in* der Liebe zum andern nein zu sagen, weicht gerne in eine »Wohlfahrtsehe« aus. Das totale Ja führt leicht zum totalen Nein: Diese Erfahrung machen zwei Liebende schon nach kurzer Zeit. Um die Beziehung vor diesem Umschlag zu retten, verzichten sie oft auf die Liebe und werden zu bloßen Vertragspartnern. Der traurige Verlust der Liebesbindung kommt daher, daß das Nein in der Liebe nicht eingeübt wird. Aus Angst vor dem Nein können zwei Partner nicht mehr ja zueinander sagen. Weil sie sich nicht abgrenzen können, können sie sich nicht mehr begegnen. Weil sie sich nicht sagen können: »Jeder von uns hat einen eigenen Bereich, den er mit dem andern nicht teilt: eigene Anlagen, Interessen, Leidenschaften«, können sie sich auch im gemeinsamen Mittelfeld nicht mehr treffen.

Ein Indiz dafür ist die betrübliche Tatsache, daß Verheiratete oft frühere Freundschaften vernachlässigen und sogar aufgeben. Dabei würden gerade diese – und auch neue – Freundschaften, vor allem von Frauen mit Frauen und Männern mit

Männern, die Hochschätzung und Pflege der individuellen Eigenart im Gegensatz zu dem, was zwei Liebende verbindet, fördern. Ohne andere freundschaftliche Beziehungen verkommt das starke Ja der Liebe zu Stumpfheit, Bequemlichkeit und infantiler Bedürfnisbefriedigung.

Das Gefühl der Einheit, in dem die Liebenden anfänglich Lebenssinn und Lebenslust erfahren haben, verflüchtigt sich. Sie vermeiden die Verunsicherung zwischen Ja und Nein und flüchten in eine Beziehung, die derjenigen des Kindes zur Mutter nur in einem nicht ähnlich ist, nämlich darin, daß jetzt auch das Kind die Mutter zu versorgen hat. Das Bestreben geht jetzt dahin, vom Partner mit vielerlei Gütern, materiellen und geistigen, gefüttert zu werden. Gefaßt, widerwillig oder wütend – je nach Situation und Temperament – zahlt jeder dafür einen Preis, nämlich die Fütterung des andern.

Doch was geht dabei wirklich verloren? Die Möglichkeit, eine umfassendere Persönlichkeit zu werden. Gerade dies aber hofft jeder verliebte Mensch. Im Zustand der erotischen Ergriffenheit werden die durch Anlage und Erziehung um das Ich gezogenen Grenzen vielleicht zum ersten Mal durchlässig. Diese Grenzüberschreitung macht schwindelig. In den Märchen aus Tausendundeiner Nacht fallen Mann und Frau im Augenblick, da sie sich verlieben, oft in Ohnmacht. In den Mann bricht die Frau ein und in die Frau der Mann, und nach diesem Dammbruch strömt eine neue, fremde Welt in uns ein, potentiell die ganze Welt. Ein Gefühl umfassender Einheit ist die Folge. Wir haben den Eindruck, mit der ganzen Welt organisch verbunden zu sein und Teil eines Ganzen zu werden.

Diesen Zustand als vorübergehende Verliebtheit abzutun trifft die Sache nicht ganz. Es stimmt allerdings, daß die bloße Verliebtheit, wird sie nicht zur bewußten Hingabe, von kurzer Dauer ist. Es stimmt jedoch ebenfalls, daß wir tatsächlich Teile eines Ganzen sind, wie wir es im Zustand der Verliebtheit erfahren. Körperlich und seelisch haben alle Menschen gemeinsame Wurzeln. Die Erweiterung des Ich dank der Liebe zu einem Du entspricht also der objektiven Tatsache unserer Weltverbundenheit. Diese Erfahrung ist so wertvoll, daß wir sie nicht preisgeben dürfen. Sich eins mit der Welt zu fühlen ist höchster Lebenssinn. Leben ohne dieses Gefühl ist sinnlos. Das Gefühl des Einsseins wird uns zunächst in der Verliebtheit einfach geschenkt. Jetzt kommt es darauf an, was wir aus diesem Geschenk machen: ob wir es genießerisch konsumieren oder in eine von der Liebe bewegte Auseinandersetzung mit dem geliebten Menschen treten. Im ersten Falle wird das emotionale Ja bald zum ebenso emotionalen Nein – zum Tod der Liebe –, im zweiten Falle lernen wir uns vom Du zu unterscheiden – nein zu sagen; um es besser wahrnehmen und annehmen zu können – ja zu sagen. Wir wollen nun näher betrachten, wie ein Mensch dank der Liebe zu einem anderen eine weitere Persönlichkeit werden kann. Daraus soll der Sinn des Nein zwischen zwei Liebenden in einem ersten Ansatz deutlich werden.

Jeder Mensch verkörpert als einzelner nur einen kleinen Ausschnitt von dem, was »dem Menschen« möglich ist und zum Teil von anderen Menschen schon gelebt wird. Das Ich, Zentrum des Bewußtseins, zahlt für seine Abgrenzung und Festigkeit einen hohen Preis, nämlich den Verzicht auf den Rest der Welt. Hat es einen gewissen Grad an Stärke erreicht, findet es sich jedoch nicht mehr mit den Grenzen ab. Dies erleben wir vor allen wichtigen Schwellen unserer Entwicklung. So bekommt zum Beispiel der Jugendliche das Gefühl, andere Menschen – Eltern und Erzieher – hätten ihm unpassende Grenzen aufgezwungen. Dieses Gefühl ist ein Zeichen für seine wachsende Ichstärke. Deshalb fängt er an, diese Grenzen zu überschreiten: zuerst durch Trotzreaktionen gegen die Erwachsenen, dann immer mehr durch die Aneignung von eigenem Wissen, eigenen Fertigkeiten und durch Freundschaften außerhalb des Einflußbereiches der Erwachsenen. Bei solchen ersten Ausbruchsversuchen bleibt die Rückzugsmöglichkeit in die früheren Grenzen noch bestehen.

Nicht so, wenn ein Mensch von der Liebe erfaßt wird. Jetzt sind die Grenzen seines Ich relativiert, und er fühlt sich potentiell eins mit allem. In diesem mystischen Gefühl der Einheit wird die Selbsterfahrung bis an die Grenzen der Welt ausgeweitet. Der geliebte Mensch ist das Tor, durch das die vom Ich bisher ausgesperrte Welt einzufließen beginnt.

Der ausgesperrten Außenwelt entspricht in der Seele die ausgesperrte Innenwelt, die wir das Unbewußte nennen. Das Unbewußte ist unser inneres Bereitschaftssystem zu allen menschenmöglichen Erfahrungen. Um in seiner Identität nicht ausgelöscht zu werden, muß das Ich vielen dieser ihm grundsätzlich möglichen Erfahrungen einen Riegel vorschieben. Das Bewußtsein entwickelt sich zwischen den Extremen der neugierigen Offenheit für Lebensimpulse aus dem Unbewußten und deren Ausgrenzung. In ähnlicher Weise bewegt sich die Erfahrung der Außenwelt zwischen neugierigem Eindringen, zum Beispiel in neue Wissensgebiete, und Abgrenzung aus Selbstschutz, zwischen den Extremen der standpunktlosen Zersplitterung und dem langweiligen Rückzug ins Schneckenhaus.

Wie die ausgesperrte Außenwelt Bereiche umfaßt, die wir in unserem persönlichen Leben noch nie betreten haben und zum Teil auch nie betreten werden – zum Beispiel fremde Kulturen –, so umfaßt auch die ausgesperrte Innenwelt Entwicklungsmöglichkeiten, die wir noch nicht verwirklicht haben und zum Teil auch nie verwirklichen werden: innere Erfahrungen dessen, was menschliches Wesen ausmacht.

In der Liebe nun durchdringt uns die Ahnung dieser viel größeren Welt, die wir mit allen anderen Menschen gemeinsam haben: die Ahnung einer dank dem Du erschlossenen neuen Außen- und Innenwelt. Mit beiden fühlen wir uns in der Liebe lebendig verbunden: mit dem Du als einem fremden Stück Außenwelt und als einem Spiegel der uns fremden Innenwelt.

In der ersten Entgrenzung der Liebe begehen wir jedoch leicht zwei Fehler: Erstens verwechseln wir die spontane Liebeserfahrung mit einer vom Bewußtsein und vom Willen gesteuerten Erweiterung unseres konkreten Lebensraums. Wir meinen also, es reiche aus, verliebt zu sein, um auf Dauer neue Menschen zu werden. Und wir verschließen uns zweitens der Einsicht, daß dieses Du, das so allgemeine und grenzenlose Liebesgefühle in uns auslöst, auch »nur« ein konkretes und begrenztes Stück Welt ist, um dessen Erschließung wir uns Schritt um Schritt zu bemühen haben.

Das Gelingen einer Liebe hängt von der Korrektur dieser beiden Fehler ab. Es geht darum, die geschenkte Liebe in eine auch gebende Liebe zu wandeln, in Hingabe, die sich in dem Bemühen ausdrückt, das Du zu verstehen und an seiner Entfaltung mitzuwirken. Rettend ist also die innere Auseinandersetzung mit dem Du. Das heißt paradoxerweise, daß wir nach der ersten Verliebtheit wieder Distanz nehmen und ins alte Ich zurückkehren sollen, um vom alten Standpunkt aus den neuen Standpunkt, der uns so kräftig ergriffen hat, ins Auge fassen zu können: vom alten Ich das neue Du. An die Stelle der Verschmelzung tritt die Spannung zwischen zwei Menschen, die zwar verschieden sind, aber nach dem bekannten Bild Platos wie die Hälften einer Kugel zueinander passen.

Eben dies ist das Nein in der Liebe. Das Nein: »Ich bin nicht Du«, aber in der Liebe: »Ich will mich bemühen, meine engen Grenzen nach und nach auf dich hin zu erweitern.« Die Gewähr, daß dieses Unterfangen sinnvoll – im Sinne des eigenen Lebens – ist, liegt in der Liebe selbst. Das bloße Vorhandensein der Liebe offenbart genauer als jeder Partnerschaftstest im geliebten Menschen den Weg zu sich selber oder zumindest ein Stück dieses Weges.

An der Tatsache, daß Liebende nicht rechtzeitig nein sagen können, scheitern unzählige Liebesbeziehungen, die vielleicht durchaus keine Täuschung in der Partnerwahl waren, wie es die nachträgliche Abwertung haben möchte. Die Chance, »mehr Mensch« zu werden und dem auf Entwicklung angelegten inneren Persönlichkeitsmuster näher zu kommen, ist dann vertan, und sie kehrt in dieser Form nicht wieder. Auch der seelische Energieverlust ist nicht wiedergutzumachen.

Das Nein muß bereits gesprochen werden, solange das verbindende, instinktive Ja der ersten Liebe noch stark genug ist, sonst wird dieses Ja vom trennenden Nein ohne Liebe abgelöst, aus dem es kein Zurück mehr gibt. Früheren Generationen fiel es leichter, das lebensrettende Nein der Abgrenzung innerhalb der Liebe zu sprechen. Die feste, gesellschaftlich vorgegebene Rollenverteilung zwischen Mann und Frau trat vom ersten Moment des Bekanntwerdens in Kraft und fand ihre feste Form in der Teilung der Verantwortungsbereiche von Ehefrau und Ehemann. Die Rolle gab dem Ich einen festen Standort, von dem aus es sich vom Du unterscheiden und mit ihm auseinandersetzen konnte. Die Verbindung von Ja und Nein war gesellschaftlich vorgegeben.

Der zunehmende Rollenverlust von Mann und Frau legt dem Individuum auf, was früher die Gesellschaft geleistet hat. Das Individuum muß heute die so schwierige Aufgabe der gleichzeitigen Bindung und Abgrenzung angehen. Das Nein der Abgrenzung schafft die Voraussetzung zur Verwirklichung der tiefsten Sehnsucht im Menschen, nämlich der Sehnsucht nach Einheit, die mehr ist als das Bedürfnis nach irgendeiner Beziehung. Daß davon nicht nur einige geglückte oder mißglückte Ehen abhängen, liegt auf der Hand. Vom Gelingen des Nein in der Liebe hängt die Vision, die wir von uns und der Welt haben, ab: entweder – infolge des totalen Nein gegen die Liebe – die Vision einer zerrissenen, vom Chaos bedrohten Welt, oder – infolge des integrierten Nein in der Liebe – die Vision einer Welt, in deren Zerrissenheit und Chaos wir ein Stück Einheit und Ordnung stiften können. Visionen sind aus sich selbst heraus tätig und bilden die Welt so, wie sie sie abbilden. Weltanschauung ist Weltgestaltung. Ob wir mit dem Nein in der Liebe umgehen können, hat unmittelbare Folgen für die Art, wie wir die Welt sehen und in ihr Geschehen eingreifen.

Der Schicksalszwang, der in der Geschichte der jugendlichen Veroneser Geliebten Romeo und Julia zum Ausdruck kommt, erschüttert die Menschen, seit der italienische Schriftsteller Luigi da Porto die entsprechende Novelle verfaßt und Shakespeare sie aufgegriffen und dramatisch verarbeitet hat, bis zum heutigen Tag. Und doch gibt es in der Industriegesellschaft kaum mehr verfeindete Sippen, die die Ehe zweier junger Menschen vereiteln könnten. Trotzdem behält das Liebesmotiv von Julia und Romeo seine allgemeine Gültigkeit und Wahrheit. Warum?

Es zeigt zweierlei: Erotische Ergriffenheit sprengt die festen Strukturen, mit denen sich das Ich bisher identifiziert hat, seien diese mehr familiärer und gesellschaftlicher oder mehr individueller Art. Sie führt jedoch in die Selbstzerstörung, wenn es den Liebenden nicht gelingt, ihrer Bindung eine eigene Struktur zu geben, die stärker ist als die trennenden Strukturen. Sonst zerbricht die Beziehung entweder am gesellschaftlichen Widerstand oder infolge der Rückkehr des Ich in die früheren Bahnen. Das neue Flußbett, das durch den Strom der Liebe gegraben wurde, vertrocknet und verödet wieder.

Der heutige Romeo und die heutige Julia scheitern nicht mehr am Widerstand ihrer verfeindeten Familien, sondern – nach einer Phase innigster Verschmelzung – am eigenen Widerstand, dem Du im konkreten Alltag ein Lebensrecht einzuräumen. Nach dem großen Ja zur Verschmelzung scheitern sie am großen Nein gegen die gemeinsame Wandlung. So bringen sie die entscheidende Lebensmöglichkeit in sich um: Das ist ihr Selbstmord. Die Widerstände, an denen sie zerbrechen, sind weniger außen als innen, wenn auch nach wie vor soziale Faktoren für das Gelingen oder Mißlingen einer Liebesbeziehung von Bedeutung sind.

Auch heute brauchen Julia und Romeo eine Beziehungsstruktur. Auch heute muß jeder Partner sagen können: »Ich bin nicht Du, und doch gehören wir zusammen.« Die Unterscheidung beider kann sich nicht mehr auf die überlieferte Rollenverteilung stützen, wie zum Beispiel: Der Mann verdient das Geld, und die Frau sorgt sich um Kinder und Haushalt. Oder: Der Mann hat den Verstand und die Frau das Gefühl. Oder: Der Mann ist aktiv, bestimmend, führend, zupackend und die Frau passiv, erduldend, beschützend, wirklichkeitsnah, mütterlich. Auch die verschiedenen biologischen Funktionen von Mann und Frau motivieren nicht mehr zu einer festen Rollenverteilung. Zwar zeigt die unveränderte Anziehung zwischen den Geschlechtern, daß es unabhängig vom jeweiligen Rollenverständnis etwas spezifisch Männliches und spezifisch Weibliches gibt, aber es ist, als ob jedem Romeo und jeder Julia in unserer Zeit die Last zugeteilt wäre, die ihnen eigene Ergänzung und gemeinsame Ganzheit herauszufinden, ohne sich auf ein allgemein gültiges Beziehungsmodell von Mann und Frau stützen zu können. Dieser neuen Aufgabe sind die wenigsten gewachsen. Mit diesem Buch will ich eine Hilfe zu ihrer Bewältigung anbieten.

Es gibt bereits viele Hilfen in dieser Frage. Doch bleiben sie meist an der Oberfläche. Es wird zum Beispiel aufgedeckt, wie Partner ihre komplementären Lieblingsrollen spielen und starr an ihnen festhalten, etwa ein Mann an der Lieblingsrolle bemuttert zu werden, und eine Frau an der Lieblingsrolle zu bemuttern; und wie diese Rollen »zusammenspielen«. Es wird dann gezeigt, wie eine flexiblere Rollenverteilung mit gelegentlichem Rollentausch Beziehungsstörungen beheben kann.

Obschon solche Darstellungen Nützliches leisten, dringen sie nicht zum Wesen der Liebe vor. Wer sich an ihre Rezepte hält, rettet vielleicht seine Partnerschaft, aber gewinnt noch nicht jene Lebendigkeit und Freiheit, die er in der ersten Verliebtheit wie eine prickelnde Verheißung gespürt hat. Er grenzt sich von seinem Partner ab und ist gleichzeitig nett zu ihm: Nein und Ja als Spielregeln im Gesellschaftsspiel der Ehe. Aber das Wichtigste hat er verloren, nämlich das innere Gespür für das Du, das meditative Auskosten des anderen im eigenen Herzen, das Entzücken beim Anblick dieser bestimmten Gestalt und die Hingabe an sie. Vielleicht hatte er dieses Wichtigste nie bewußt erlebt, aber sein Unbewußtes kennt es, sofern er wenigstens einmal verliebt war. Wenn jedoch zwei Partner bloß zusammen funktionieren, erliegen sie immer mehr der Langeweile und dem Überdruß.

Es wird in solchen Darstellungen unterlassen, nach dem *Sinn* der Ergänzung zweier Menschen in einer Partnerschaft zu fragen. Liegt dieser *nur* in der Teilung von Arbeit und Verantwortung, ähnlich wie auch bei den Säugetieren Männchen und Weibchen biologisch andersgeartete Aufgaben übernehmen und sich darin ergänzen? In diesem Falle wäre eine ehrliche Partnerschaft bloß die zweckmäßigste Form, wie der Mensch seine soziale Begabung auslebt, indem er eine flexiblere Rollenverteilung anstrebt. Neurotische Fixierungen wären fast unvermeidlich: Die Zweierbeziehung würde es beiden Partnern erlauben, auch mit neuen Rollen die alten zu bleiben, die Frau zum Beispiel eine unselbständige, aber arbeitsame Vatertochter und der Mann ein »mutiger Held« im Berufsleben, aber ein ängstliches Muttersöhnchen in der Ehe. Die Zweierbeziehung wird zum eigentlichen Hindernis der Selbstverwirklichung, wenn ihr Ziel nur in einer sozialen Rollenverteilung gesehen wird. Denn diese allein bewirkt noch keine Wandlung der Persönlichkeit.

Nun blockiert die Zweierbeziehung in der Tat in vielen Fällen die Selbstverwirklichung. Doch tut sie dies nicht von ihrem Sinn her. Der Sinn der Liebe liegt nicht nur in der Ergänzung zweier Menschen im Zusammenleben, sondern auch in der Ganzwerdung zweier einzelner. Der Ursprung des Eros liegt in der Sehnsucht, daß zwei Menschen – Du und Ich – miteinander, doch jeder in sich, vollständiger und menschlicher werden können. Die Liebe zum andern soll die Entwicklung des »anderen« in der eigenen Seele stimulieren. Das Kind, das in einer

Liebesbeziehung geboren wird, symbolisiert über das Du und das Ich hinaus ein Drittes, nämlich den neuen Menschen. Und jeder kann dank dem Zusammensein mit dem andern so ein neuer Mensch werden.

Die Grunderfahrung der Liebe besteht in der Überwindung der Isolierung des einzelnen dank dem überwältigenden Gefühl des Einsseins mit einem Du und durch dieses mit der ganzen Welt. Das Ich wird in dieser Erfahrung nicht stabilisiert, sondern relativiert, nicht fixiert, sondern in Bewegung auf ein größeres Selbst hin gebracht. Was jede Liebe letztlich motiviert, ist die dunkle Ahnung, daß ich durch die Hingabe an das Du ein neuer Mensch werden kann. Daß Liebe oft in Haß umschlägt, spricht nicht gegen diese Behauptung, sondern zeigt die beträchtlichen Schwierigkeiten, die mit der Hingabe an ein Du verbunden sind. Die Hauptschwierigkeit liegt wohl darin, im Du gleichzeitig etwas Fremdes und anderes und doch sehr Nahes, im tiefsten Sinne Eigenes wahrzunehmen: »Ich bin nicht du, aber du bist ein Bild dessen, was mir auf meinem Wege zum eigenen Selbst fehlt.« Dieses Nein – »Ich bin nicht du« – und dieses Ja – »Du offenbarst mir durch dein Wesen Dinge, die auch ich zu verwirklichen habe« – in eins zu bringen ist eine Kunst und will gelernt sein. Das ist der Sinn dieses Buches.

Ich beschränke mich weitgehend auf die Darstellung der Liebe zwischen Mann und Frau, die verbreitetste Form der Liebe. Andere Formen der Liebe wie gleichgeschlechtliche Liebe und Nächstenliebe wären allerdings geeignet, die zu ausschließlichen Erwartungen an die Liebe zwischen Frau und Mann zu relativieren, aber leider ist uns die Kultur dieser anderen Liebesformen weitgehend verlorengegangen. Dabei läge es in der Eigendynamik jeder Liebe, das Herz auch für andere Formen der Liebe zu öffnen. Allgemein ist zu sagen: Eine Liebe, die sich in einem Egoismus zu zweit von der übrigen Welt absondert, kann nicht von Dauer sein. Sie wird ihrem inneren Widerspruch zum Opfer fallen.

Zum besseren Verständnis der im folgenden gebrauchten Begriffe gebe ich nun einen kurzen Überblick über die drei Entwicklungsstufen einer Gefühlsbeziehung. Von ihnen wird noch ausführlich die Rede sein.

Die erste Stufe ist die der *Verschmelzung;* sie prägt die Beziehungen des Naturmenschen, des Kindes – und auch des Verliebten. Die Unterscheidung zwischen Du und Ich ist nicht oder noch nicht möglich. Das Ineinanderverfließen beider wird rauschhaft und, je nach Situation, als Kraftzuwachs oder Kraftverlust erlebt.

Die zweite Stufe ist die der *Projektion:* Unbewußt Eigenes wird fälschlicherweise in ein Objekt der Außenwelt hineinverlegt, zum Beispiel in den Lebenspartner, so daß dieser verzerrt wahrgenommen wird. Auch die Feindbilder in der Politik sind solche Projektionen. Es gibt zwar meist »Aufhänger« im Objekt, die zu den Projetionsinhalten passen, doch werden sie überstrapaziert. Urteile, die von Projektionen geprägt sind, haben etwas Absolutes an sich. Das Außenobjekt wird auf einen einzigen Nenner gebracht. Wir nehmen dabei die Differenziertheit seines Gesamtbildes nicht wahr.

Die dritte Stufe ist die der *Leitbildspiegelung.* Sie ist die vollständigste Form der Gefühlsbeziehung. Der Mensch, den ich liebe, wird mir zum Leitbild, das eigene, mir bisher unbekannte Lebensmöglichkeiten spiegelt: meine Entwicklungsdynamik. Die Leitbildspiegelung ist die realistische Wahrnehmung sowohl des Partners, der in seiner Persönlichkeit bereits solche Wesenszüge lebt und darstellt, die mir noch fehlen, als auch meiner selbst in einem mir bisher unbewußten Persönlichkeitsanteil. Mit dem Wort »Spiegelung«, das mit kühler Distanz und egozentrischer Eitelkeit verbunden werden könnte, meine ich ganz im Gegenteil jenen Blick in die Tiefe des Du, zu dem nur der Liebende fähig ist. Nur in einem starken gemeinsamen Gefühl können sich zwei Menschen gegenseitig so tief spiegeln, daß sie einander zu Leitbildern werden – nicht zu bloß äußerlichen, vielleicht unpassenden Vor-Bildern. Im Menschen, den ich liebe, leuchtet bei jeder neuen Begegnung ein neues Bild auf, das die Beschränktheit meiner gewohnten Erlebnis- und Sehweise sprengt und zur Botschaft über einen bisher unentdeckten Aspekt meines eigenen Wesens wird. Dadurch wird mir der Partner zum jetzt wirksamen Leitbild. Im Laufe dieses und der folgenden Kapitel werde ich den verschiedenen Eigenschaften der Leitbildspiegelung nachgehen. Doch damit der Leser von allem Anfang an ein erstes Gespür für die Realität der Leitbildspiegelung bekommt, erläutere ich diese mit einem kurzen Beispiel.

Ein fünfundzwanzigjähriger Mann erlebte bisher alle Ereignisse seines Lebens: Freundschaft, Berufsabschluß oder den Tod naher Menschen mit einer kühlen, unbeteiligten, beobachtenden Distanz. Er war nie in diesen Ereignissen »drin«, konnte sich also nie voll und ganz freuen, nie voll und ganz trauern. Das »Leben rauschte an ihm vorbei«, wie er sich ausdrückte, und er litt zunehmend darunter. Nun verliebte er sich in eine etwa gleichaltrige Frau, die im Gegensatz zu ihm ganz und gar in allem »drin« war, was sie fühlte, dachte, sagte. Auch in ihrem Körper war sie ganz zu Hause, wiederum im Gegensatz zu ihm, der seinen Körper manchmal als fremd, nicht zu ihm gehörig empfand, wenn er sich am Morgen beim Rasieren im Spiegel anschaute. Die junge Frau, die er liebte, weckte in ihm spontan ein neues Lebensgefühl. Manchmal konnte er sich freuen und trauern, ebenso wie sie. Im Laufe vieler Jahre lernte er in seiner neuen, direkteren Erlebnisweise nicht mehr vom Zusammensein mit ihr abhängig zu sein. Die Frau wurde für ihn zum inneren Leitbild, das selbständig in ihm wirkte, auch wenn er allein war, und ihm eine früher unmögliche Intensität des Erlebens schenkte. Das ist Leitbildspiegelung. Sie belebt unsere Entwicklungsdynamik.

In diesem Buch ist immer von gegenseitiger Leitbildspiegelung die Rede: In der Liebe werden sich zwei Menschen gegenseitig zu Leitbildern unzähliger einzelner Entwicklungsschritte.

Die Aussage, daß es sich bei der Verschmelzung, der Projektion und der Leitbildspiegelung um drei Entwicklungsstufen handelt, ist mißverständlich. Es geht um drei sich verlagernde Schwerpunkte in der seelischen Entwicklung, aber wir leben sie immer auch gleichzeitig, obschon mit verschiedener Intensität. So gehört es zur seelischen Gesundheit, durch das ganze Leben von Zeit zu Zeit in die völlige Verschmelzung mit der Außenwelt zu tauchen, sei es in einem intensiven Liebeserlebnis, sei es beim Tanzen oder beim Hören von Musik. Wer es versteht, im richtigen Moment wieder aufzutauchen, fühlt sich erfrischt und neugeboren. Auch der schöpferische Mensch ist auf Phasen der Verschmelzung angewiesen, zum Beispiel mit den Schicksalen anderer Menschen oder mit einer Landschaft, bevor er das in der Verschmelzung Erfahrene aus sich heraus gestalten kann. Die Arbeit des Künstlers setzt die Verschmelzung mit dem Dargestellten voraus. In der konkreten Gestaltung jedoch wird die Verschmelzung überwunden und eine einmalige Verbindung zwischen dem dargestellten Objekt und der Persönlichkeit des Künstlers erreicht. Bleibt es bei der undifferenzierten, emotionalen Verschmelzung, ist das Resultat Kitsch.

Ähnliches ist von der Projektion zu sagen. Ohne Projektion gibt es keine neue Selbsterkenntnis. Was uns beim Partner entzückt oder ärgert, hat mit uns selber zu tun. Eingesehene Projektionen sind Hinweise auf eigene dunkle, unbekannte Persönlichkeitsanteile. Jeder starke Affekt, den wir einem Menschen gegenüber empfinden, ist sicheres Indiz einer Projektion. Projektionen zeigen unsere seelische Lebendigkeit an. Solange wir unterwegs sind und es neue unbekannte Regionen der Seele zu entdecken gibt, projizieren wir jedes Stück seelischen Neulands zunächst in die Außenwelt.

Meistens sehen wir unsere Projektionen nicht freiwillig ein. Erst wenn die Kommunikation mit dem Partner durch unsere unrealistischen Projektionen gestört wird, weil der Partner sich ständig unverstanden fühlt und gegen unsere projizierten Behauptungen zu protestieren beginnt, bequemen wir uns zu deren ernsthafter Überprüfung.

Unsere Gefühlsbeziehungen sollten jedoch immer weniger von Verschmelzung und Projektion und immer mehr von der Leitbildspiegelung geprägt werden. Allerdings ist jede Beziehung eine Mischung dieser drei Beziehungsformen. Nehmen wir an, daß in einer erotischen Beziehung auf die anfängliche Verliebtheit, in der wir uns ganz verschmolzen und identisch mit dem andern fühlten, heftige Projektionen der Untreue folgten, die so störend wurden, daß wir sie zurückholen und in die eigene Verantwortung übernehmen, das heißt zugeben mußten, daß wir selber Lust auf einen Seitensprung hatten. Nehmen wir überdies an, daß dies gelang. Nun wäre eigentlich zu erwarten, daß die starken Affekte und das intensive Interesse für den Partner nachlassen. Dem ist aber keineswegs immer so. Das Du hat in der Tat Eigenschaften, die mich als solche faszinieren: zum Beispiel seine Instinktsicherheit und Ruhe, seine Verwurzelung und Unbeirrbarkeit. Diese Eigenschaften beschäftigen mich in noch höherem Maße als vorher meine Projektionen der Untreue. Daß es sich bei diesen Eigenschaften nicht um meine subjektiven Projektionen handelt, sondern um tatsächliche Eigenschaften, sticht jedermann, nicht nur mir, ins Auge. Warum beschäftigen sie gerade mich so sehr? Warum nähren sie meine Liebe? Weil sie mir selber noch fehlen und weil ich seelisch bereit bin, sie auch in mir zu entwickeln. Der geliebte Mensch spiegelt das Leitbild, das mich anregt, das zu werden, was ich in ihm sehe. Selbstverständlich wird es mir nie gelingen, in so hohem Ausmaß instinktsicher und ruhig, verwurzelt und unbeirrbar zu sein wie die Frau, die ich liebe. Daher wird die polare Spannung zwischen ihr und mir in dieser Beziehung nie nachlassen. Aber allmählich kann ich diese Eigenschaften immerhin so weit entwickeln, wie ich sie brauche, um nicht regelmäßig in Situationen zu geraten, die mich überfordern, weil ich ihnen nicht gewachsen bin.

Eine neue, echtere Beziehung fängt jetzt an: Jeder sieht im andern modellhaft und spiegelbildlich Eigenes, das dank dieser Wahrnehmung auch in ihm zu leben beginnt. In der Liebesbeziehung lebt das überwältigende Gefühl des Einsseins, das wir von der anfänglichen Verschmelzung mit dem Du her kennen, wieder neu auf. Nur wird es jetzt getragen von der realistischen Wahrnehmung dessen, was der Partner wirklich ist: mein Leitbild.

Der »Sinn des Nein in der Liebe« geht aus diesem Überblick der drei Entwicklungsstufen einer Liebesbeziehung hervor. In der Verschmelzung gibt es nur das völlige Ja und das völlige Nein, entweder Identität mit dem Du oder Panik und Zerstörung. Die Verschmelzung mit der Außenwelt ist der Seinszustand des Tieres. Solange das Tier seinen Instinkt gebrauchen kann, gibt es nur das ungebrochene, unbewußte »Ja« zur umgebenden Welt. Wird es aber in Panik versetzt – denken wir an ein plötzlich aufgeschrecktes Pferd –, gerät es in totalen Widerspruch mit der Umwelt, der manchmal zur Zerstörung und Selbstzerstörung bis zum Selbstmord führt. Natürlich können wir beim Tier nur in Analogie zum Menschen von Ja und Nein sprechen. Im unbewußten Zustand der Verschmelzung gibt es kein Nein in der Liebe, keine bedingte, konstruktive Abgrenzung vom geliebten Du. Es gibt nur das Ja *zur* Liebe und das Nein *gegen* die Liebe.

Dasselbe gilt mit Einschränkungen auch für den Projizierenden. Solange wir eine negative Eigenschaft, zum Beispiel den eigenen unbewußten Geiz, auf den Partner projizieren, sagen wir nein zu ihm und stellen uns außerhalb der Liebe: »Du bist so, wie ich dich nicht lieben kann.« Allerdings muß dieses Nein kein totales sein, da wir vielleicht neben solchen negativen Projektionen auch positive realistische Einsichten in das Du haben, die uns in einem guten Sinne ansprechen. Können wir unsere Projektionen zurücknehmen, grenzen wir uns vom Du in einer neuen, bewußten Weise ab. Wir sagen dann zum Beispiel: »Der Geizkragen, für den ich dich gehalten habe, bin ich selber. Du aber bist kein Geizkragen.« Die Rücknahme einer Projektion führt demnach zum Nein der bewußten Abgrenzung: »Ich bin nicht du.« Die Abgrenzung kommt jetzt aus der Einsicht in die eigenen Grenzen, nicht in die Grenzen des Partners. Sie erfolgt freiwillig von innen, nicht gezwungenermaßen von außen. Die eigentliche Auseinandersetzung mit dem Du, wie es wirklich ist, beginnt erst in der Phase der Leitbildspiegelung. Nur tatsächliche Eigenschaften im Du, nicht fiktive Eigenschaften, die wir in das Du projizieren, können intensive und dauerhafte Liebe wecken.

Wir können außerdem nur mit solchen Seiten eines Menschen in die Leitbildspiegelung treten, die seine konkrete Lebensgestaltung prägen, denn nur diese ermöglichen die bewußte Auseinandersetzung. In der Leitbildspiegelung kommt zum Nein der Abgrenzung, wie es bei der Rücknahme von Projektionen erfolgt – ich bin nicht du – das Ja der Einigung: »So wie ich in meiner konkreten Gestalt bin: ein Mann mit mehr Intuition als Realitätssinn, mit mehr Gefühl als Intellekt, unterscheide ich mich von dir, die du realistischer und intellektueller als ich bist. Doch geht meine Dynamik in der jetzigen Lebensphase dahin, mehr zu sein wie du und meinen Intellekt und Realitätssinn besser zu entwickeln, natürlich ohne je so zu werden, wie du bist. Schließlich ist meine wie auch deine Identität stark von Anlage und frühen Einflüssen geprägt. In dir nehme ich wie in einem Spiegelbild wahr, wie in Verbindung mit meiner alten Persönlichkeit eine neue Persönlichkeit in mir zu leben anfängt, während ich dich betrachte, und wie mein Interesse sich dem bisher vernachlässigten präzisen Denken und den Details des

Alltags zuwendet. Ich stelle fest, daß ich dadurch vollständiger werde, als ich es bisher war.«

In der Leitbildspiegelung bekommt das Nein, die Abgrenzung des Ich vom Du, seinen Platz in der Liebe, weil es im dynamischen Zusammenhang der Entwicklung vom Ich zu einer umfassenderen Persönlichkeit begriffen wird.

Albert Camus beschreibt im ›Sisyphus‹ das totale Gefühl der Fremdheit und des Unbeteiligtseins, das ihn auf einmal überkam, während er in den Armen einer Frau ruhte. Jegliche innere Verbindung mit dieser Frau und der Welt überhaupt war zerbrochen.

Diese Fremdheit und Vereinzelung sind nicht die letztmögliche Befindlichkeit des Menschen. Die Begegnung in der Leitbildspiegelung kann Fremdes und Eigenes, Nein und Ja in einer Liebesbeziehung dynamisch miteinander verbinden. In ihr wird erfahrbar, daß sowohl die seelische als auch die materielle Welt in allen ihren Teilen zusammenhängen. Diese Erfahrung ermöglicht eine eigene Entwicklung: Wo immer ich auf ein Stück Außenwelt mit Interesse aufmerksam werde, kann dieses mir zum Leitbild eines eigenen, mir bisher unbekannten Persönlichkeitsanteils werden. Ausdruck stärksten Interesses ist die Liebe. Sie ist sicheres Indiz dafür, daß ihr Objekt, der geliebte Mensch, etwas Wesentliches für meine subjektive Entwicklung bedeutet. Durch diese Sehweise wird die Liebe keineswegs auf eine egozentrische Nabelschau reduziert. Denn nur die wirkliche, uneigennützige Hingabe an das Du bewirkt Einsicht in das Selbst.

Das versteckte Nein zerstört die Liebe

Die Tragik des glücklichen Paares

Es gehört zum Wesen des Tragischen, daß es innerhalb bestimmter Bedingungen unvermeidbar ist. Das sogenannte glückliche Paar erfüllt alle Bedingungen, die eine menschliche Beziehung auf ein fatales Scheitern hin vorprogrammieren. Dazu gehören folgende Glaubenssätze:

- Das glückliche Paar bekennt sich bis zum Tode zum ersten Ja der Liebe.
- Im glücklichen Paar darf es kein ernsthaftes Nein geben: weder einen persönlichen Bereich, den jeder Partner beim andern zu respektieren hätte, noch Kritik und auf keinen Fall Untreue und Verrat.
- Das glückliche Paar streitet nicht und leidet nicht.
- Das glückliche Paar ist am geglückten Eindruck, den es in der Öffentlichkeit macht, zu erkennen. Der geglückte Eindruck, den das glückliche Paar macht, besteht darin, daß es vor anderen Menschen in allen Dingen immer einer einzigen Meinung ist: der Meinung des glücklichen Paares.
- Im glücklichen Paar funktioniert die Sexualität regelmäßig und ist für beide Teile zufriedenstellend. Die Partner verwöhnen sich gegenseitig.
- Das glückliche Paar ist das wirksamste Heilmittel gegen die Einsamkeit und die Beunruhigung durch persönliche Fragen und Probleme.
- Das glückliche Paar kennt nur solche Paare, die auch glückliche Paare sind.
- Im glücklichen Paar ergänzen sich Mann und Frau harmonisch.
- Das glückliche Paar hat glückliche Kinder. Das glückliche Paar baut mit seinen glücklichen Kindern eine glückliche eigene Welt auf.

Diese Glaubenssätze des glücklichen Paares finden sich seit Jahrzehnten unverbrüchlich auf Plakatwänden, in Beziehungsannoncen, auf der Kinoleinwand und dem Bildschirm. Es ist das Idealbild der bürgerlichen Ehe. Jedes Paar, verheiratet oder unverheiratet, fühlt sich dessen Druck ausgesetzt. Das glückliche Paar verkörpert zugleich in mustergültiger Weise, wie das verdrängte und versteckte Nein zweier Menschen zueinander, wie der unbewußte Widerstand die Liebe zerstören kann. Die Tragik des glücklichen Paares besteht darin, daß dem Teufel, diesem »Neinsager von Anbeginn«, kein Wohnrecht und kein Platz am Herd zugebilligt wird. Daher ist nirgends der Teufel teuflischer als im glücklichen Paar. Wenn Streit, Kritik, Aggression als unpassend aus dem Leben eines Paares verbannt werden, wachsen die negativen Gefühle heimlich in jedem Partner an. Erst ihre Verheimlichung macht sie richtig böse und destruktiv.

Wohl der verhängnisvollste Glaubenssatz betrifft die angebliche harmonische Ergänzung zweier Partner. Wir finden ihn sogar in Ehebüchern, die nicht der Populärliteratur angehören. Die Aussage, daß Mann und Frau sich eigentlich harmonisch ergänzen, daß sie von Natur aus ineinander passen wie Schlüssel und Schlüsselloch, bewirkt einen Druck zum Bravsein und gutwilligen Aufeinander-abgestimmt-sein-Wollen. Dieser Ergänzungszwang gibt weder der Frau noch dem Mann die Möglichkeit, die eigenen, innersten Gedanken und Gefühle dem anderen offen mitzuteilen.

Liebe besteht in der aktiven Hingabe an das Du, das heißt auch in der Mitteilung an das Du. Wer sich dabei vom Bedürfnis nach harmonischer Ergänzung leiten läßt, verbirgt die interessantesten und aufwühlendsten Seiten der eigenen Persönlichkeit. Zwei Liebende sollten davon ausgehen, daß sie sich in keinem Punkt ergänzen und trotzdem lieben. Praktisch stimmt dies auch, denn die tatsächlichen Ergänzungen zweier Liebender befinden sich in solcher Tiefe der Persönlichkeiten, daß sie nie ganz eingesehen werden können, sicher nicht in den ersten Jahren einer Beziehung. Der Ergänzungsdruck verhindert nicht nur die gegenseitige Mitteilung, sondern auch die Selbstverwirklichung jedes einzelnen innerhalb der Beziehung. Die Behauptung, Liebe sei ein Geheimnis, darf nicht als Sentimentalität oder Romantik abgetan werden. Es bleibt ein Geheimnis, warum gerade diese beiden Menschen sich lieben, am meisten für die beiden Liebenden selber. Der Satz »Die Liebe ist ein Geheimnis« hat eine praktische Bedeutung: Er verhindert, daß wir die Liebe mit gewissen typologischen Ergänzungsvorstellungen und damit mit gewissen »objektiven« Bedingungen verknüpfen, zum Beispiel: »Wir lieben uns, weil du extravertiert bist und ich introvertiert bin.« Auch wenn solche typologischen Vorstellungen verfeinert werden, sind sie nichts anderes als Erklärungen des Nichterklärbaren, Rationalisierungen der Liebe, die noch von ganz anderen Faktoren abhängt, von denen wir höchstens eine Ahnung bekommen können. Die Psychologie wird zur Todsünde, wenn sie Lebensprozesse blockiert, indem sie sie »erklärt«.

Wenn eine Beziehung in die Brüche geht, werden ähnliche typologische Vorstellungen herbeigezogen, um sich und der Welt zu beweisen, daß »diese Beziehung gar nicht klappen konnte«. Doch auch beim Auseinandergehen wird das Geheimnis einer jetzt toten Liebe nicht gelüftet, jetzt am allerwenigsten.

Das Bild der zwangsläufigen Ergänzung zweier Liebender stammt nicht nur aus einer idealistischen, sondern auch aus einer materialistischen Vorstellungswelt: Jeder wird vom andern mit dem versorgt, was er selber nicht hat. Das gleiche quantitative Denken bestimmt die Frage: »Wer liebt den andern mehr?« Diese Frage hat etwas Erpresserisches und zieht unweigerlich Heuchelei und Lüge nach sich. In der Liebe gibt es keine meßbare Sicherheit, nicht einmal die der Liebe des geliebten Menschen. Aus diesem Grunde sollten es Liebende unterlassen, die gegenseitige Bedürfnisstillung zu institutionalisieren, so daß der andere schon zum voraus weiß: »Heute bekomme ich Pralinen«; oder: »Heute ist Samstag, wir werden zusammen schlafen.«

Gerade in der Ehe ist es schwierig, dem Hang zur Harmonisierung und damit zur Institutionalisierung im regelmäßigen gegenseitigen Abdecken bestimmter Bedürfnisse zu widerstehen. Ich verstehe darunter weniger die Erfüllung der kleinen Pflichten des Alltags mit verteilten Rollen im gemeinsamen Haushalt als Erlebnisse, die eigentlich nur ungeplant genossen werden können, so eine sexuelle Begegnung oder das Auflegen einer bestimmten Platte oder das gegenseitige Sich-Vorlesen eines zur Situation passenden Buches. Solche gemeinsamen nicht geplanten Erfahrungen lassen die Liebe in ihrer nicht rationalisierbaren Lebendigkeit auferstehen.

So falsch es ist, eine Partnerschaft als bequeme, oberflächliche Ergänzung einzurichten, so richtig ist es doch, sich gegenseitig auf existentielle Fragen Antworten zu geben, die der einzelne in seiner Begrenztheit sich selber zu geben außerstande ist. Daß ich solche erlösenden Antworten – nicht nur Worte, sondern auch konkrete Gesten und Handlungen – geben und bekommen kann, gibt mir das Gefühl für die Lebendigkeit dieser Liebe. Sie als bloße Ergänzung zu bezeichnen hieße sie bagatellisieren. Antworten führen nicht immer zu Ganzheit und Harmonie, sondern ebensooft in Konflikte, Ratlosigkeit und innere Zerrissenheit. Sogar die momentane Kälte des Partners als Antwort auf ein bestimmtes Verhalten meinerseits hat einen Anspruch auf einen Platz in der Liebe. Sie kann unter Umständen bei mir mehr in Bewegung setzen als ein konstruiertes »Ergänzungsverhalten«, zu dem sich der andere entgegen seinen kalten, abweisenden Gefühlen »gutwillig« zwingt.

Auch Partner eines glücklichen Paares können sich trotz ihrer gegenteiligen Glaubensbekenntnisse untreu werden. Sie verniedlichen dann die Abkehr voneinander zum »harmlosen Seitensprung«, auch wenn sie sich dabei zum ersten Male seit vielen Jahren wieder lebendig fühlen. Sie wollen nicht wahrhaben, daß der »harmlose Seitensprung« Ausdruck eines wirklichen Nein ist, eines Nein, das insgeheim schon längst die Beziehung zum »Lebensgefährten« prägt. Der Verrat ist viel älter als der Seitensprung. Deshalb bleibt auch das Leid beim »Betrogenen« – vielleicht trotz lärmiger Inszenierung – mehr an der Oberfläche und in praktischen Überlegungen stecken.

Auch in einer lebendigen Gefühlsbeziehung kann es Untreue und Verrat geben. Sie kommen sogar weniger unerwartet als beim glücklichen Paar, weil das Nein seit jeher ein offenes Mitspracherecht in der Gestaltung dieser Partnerschaft hatte. Die Untreue des einen kann zwar im andern schweres Leid und bittere Kränkung verursachen, doch ist die Chance größer als beim glücklichen Paar, auch dieses Nein miteinander innerhalb der gegenseitigen Liebe zu begreifen und zu verarbeiten. Vielleicht zeigt sich sogar, daß eine »außereheliche Beziehung« des einen oder beider unerläßlich für die Lebendigkeit ihrer Partnerschaft ist. Doch dies kann nie von vornherein gesagt und eingeplant werden. Solche Überlegungen sollen auch nicht als

Rechtfertigung dafür mißbraucht werden, leichtfertig eine »außereheliche Beziehung« einzugehen, statt die Auseinandersetzung mit dem Partner verantwortungsvoll weiterzuführen. Natürlich besteht immer das Risiko, daß das Nein einer »außerehelichen Beziehung« schließlich zu einem »Nein *gegen* die Liebe« in der bisherigen Partnerschaft wird.

Zurück zum Problem der Ergänzung zweier Partner. Die Frage, warum ich gerade von diesem einen Menschen entscheidende Anstöße erwarte, warum ich immer wieder am Leben eben dieses Menschen leidenschaftlichen Anteil nehme und mich sogar dann für ihn einsetze, wenn ich auf ihn wütend bin, ist nicht ohne weiteres zu beantworten, so wenig wie die Frage, ob ich morgen oder übermorgen und in zwanzig Jahren immer noch in ähnlicher Weise reagieren werde. Allerdings wächst die Chance dazu in dem Maße, in dem in der Partnerschaft die eigene Aktivität beider zunimmt: Entscheidung, Verantwortung, bewußte Auseinandersetzung, Fürsorge. Die Emotion für sich allein ist passiv. Was an ihr wie Aktivität aussieht, ist bloß spontane Bewegtheit. Liebe als bloße Emotion ist nicht von Dauer. Erst das Einstimmen der Eigenaktivität in die emotionale Gestimmtheit macht diese zu einem tragenden Gefühl, das uns vielleicht bis zum Lebensende beseelt.

Die Ergänzungsideologie geht davon aus, daß mit gutem Willen und ehrlichem Einsatz das Leben zu zweit immer »positiver« wird und die »Ja-Erfahrungen« überwiegen. Sie geht dabei von einem paradiesischen Weltbild aus, in dem Zerstörung und Tod nur zufällige Betriebsunfälle sind: »Eigentlich« könnte alles in der Welt gut und harmonisch und aufbauend sein. Derlei Paradies-Wunsch-Ideologien können nur in solchen Menschen Anklang finden, die nicht um ihre eigene widersprüchliche Emotionalität wissen. Wie viele unerhört belebende, aber auch wie viele zerstörerische Emotionen werden in zwei Menschen wachgerufen, die mit Leib und Seele aufeinander bezogen sind! Auch wirre, verrückte, böse Emotionen existieren in einer Liebesbeziehung. Ein anderes Problem ist, was wir damit machen – Zerstörerisches muß ja nicht zwangsläufig ausgelebt werden. Doch wissen müssen wir darum. Im Spannungsfeld von Ja und Nein, Gut und Böse, Konstruktivem und Destruktivem, Leben und Tod strömen Energie, Kraft, Sinnhaftigkeit ins Leben zweier Menschen, die sich lieben.

Das glückliche Paar gibt solchen widersprüchlichen Erfahrungen keinen Raum. Es verkörpert das Ja zu einem ordentlich organisierten Zusammenleben. Das Nein läßt sich jedoch nicht wegwünschen. Es schafft sich heimliche Widerstandsnester. Je froher sich die Partner eines glücklichen Paares zulächeln, desto verbissener bauen sie in ihrem Unbewußten Barrikade um Barrikade gegeneinander auf. Kälte, Verachtung, Haß wuchern in ihrem Innern. Das bürgerliche Lebensarrangement ist Schein und Tarnung. Der Ausschluß des Nein – der Aggression, der Kritik und der Abgrenzung – aus dem Alltag gibt dem versteckten Nein in der eigenen Seele furchtbare Dimensionen, so daß das Ja der Liebe schließlich erstickt.

In jedem glücklichen Paar wird die Liebe zerstört, wenn auch auf verschiedene Art. Eine Frau zum Beispiel, die ihrem magenkranken Mann in gieriger Angst vorrechnet, was er alles nicht essen darf, und mit missionarischem Eifer seine Diät in allen Details überwacht, scheint ihren Partner sehr zu mögen und an seinem Weiterleben interessiert zu sein. Merkwürdigerweise jedoch verschlimmert sie durch ihr Verhalten sein Magenleiden, weil sie ihn damit aufregt und bei ihm ab und zu Freßorgien provoziert. Was heißt das anderes, als daß sie unbewußt das Leiden ihres Mannes verschlimmern *will*, daß sie ein kräftiges, zerstörerisches Nein zu ihrem Mann wie eine giftige Schlange in ihrem Innern nährt! Nirgends gibt es mörderischere Feindschaften als in glücklichen Paaren.

Das glückliche Paar scheint einem edlen Ideal nachleben zu wollen: dem Ideal einer Partnerschaft, in der kein Streit die Harmonie trübt. In Wirklichkeit aber ist es in materialistischen Anschauungen gefangen: In einer Lebensgemeinschaft sollen sich die Partner umsorgen, bestätigen, besitzen. Liebe ist funktional. Das traurig geläufige Wort von den »Streicheleinheiten«, die man bekommt und gibt, veranschaulicht die funktionale Auffassung von der Liebe: »Streicheleinheiten« kann man sich auch »verpassen«, ohne sich innerlich hinzugeben. Liebe wird in »Streichel- und Orgasmuseinheiten« meßbar.

Funktionalität jedoch hat mit der bewegenden Erfahrung der Liebe nichts zu tun. Liebe führt zu einer inneren Veränderung der Persönlichkeit des Liebenden. Die Ehe als Institution hat diese uralte Wahrheit verdunkelt. Auch Ehen sollten, wie alle anderen Liebesbeziehungen, »im Geiste« eingegangen werden, das heißt im Bemühen um Hingabe an das Du und an die eigene Seele, und nicht zur Ratifizierung eines funktionalen Abkommens. Daß Liebende in ihrem gemeinsamen Leben auch Funktionen und Rollen übernehmen müssen, ist selbstverständlich und oft auch schwierig. Liebende verstehen es, Funktionen und Rollen von Zeit zu Zeit durcheinanderzubringen, durchzuschütteln und neu aufzuteilen. Sie haben etwas erfrischend Chaotisches an sich und beugen sich nicht lange den gleichen Rollenzwängen.

Die offene Struktur eines solchen Paares äußert sich auch in der Einstellung zu Freunden und Bekannten und zu gesellschaftlichen und politischen Problemen. Jeder von beiden hat einen Kreis von Menschen, die er mag und die ihn interessieren. Der Freundeskreis des einen und des andern decken sich nur zum Teil. Die Freunde und Bekannten eines Menschen machen ja dessen besondere Eigenart augenfällig.

Doch in dem Bereich, wo beide Freundeskreise sich decken, also im gemeinsamen Freundeskreis, findet eine Begegnung besonderer Art auch zwischen den Partnern statt. Jeder der gemeinsamen Freunde unterstreicht und verstärkt Eigenschaften in mir selber und im Partner. Mit einem bestimmten Freund zum Beispiel kann ich ausgelassener sein als mit irgend jemand anderem, und diese meine Fähigkeit zur Ausgelassenheit wird im Zusammensein mit dem Freund auch dem Partner offenbar und kann ihn anstecken. Der Freundeskreis ermöglicht Mitteilungen über mich selber an den Partner und umgekehrt, die in der Abgeschlossenheit einer Zweierbeziehung nicht möglich wären. Der Freundeskreis lockt immer wieder neue Seiten in uns beiden zum Leben, so daß die gegenseitige Mitteilung und die Leitbildspiegelung, das heißt die Selbstwahrnehmung in der Wahrnehmung des Du, weitergehen. Zum Freundeskreis sollten ruhig auch einige problematische und närrische Menschen gehören, haben wir beide doch auch problematische und närrische Seiten, durch die wir ebenfalls miteinander in Beziehung treten wollen.

Auch gesellschaftliche und politische Fragestellungen müssen dann nicht mehr als Bedrohung »unseres Glücks« abgewehrt werden. Es ist notwendig, daß die gegenseitige Hingabe der Liebenden in ihre nähere und fernere Umgebung ausstrahlt und zur Hingabe an Anliegen wird, die über das Eigeninteresse des Paares hinausgehen. Wenn zwei Menschen sich übermäßig mit ihrer Beziehung beschäftigen, schaffen sie sich gegenseitig so viele Probleme, wie zusammengerechnet bei all jenen Menschen bestehen, denen sich die beiden in ihrem »Egoismus zu zweit« vorenthalten. Sie vergeuden ihre Energie mit überflüssigen Reibereien, statt sie für diese Menschen fruchtbar einzusetzen. Der »Egoismus zu zweit« ist ein Merkmal des glücklichen Paares, das sich den Realitäten der Partnerschaft – hier der Notwendigkeit, sich auch mit anderen als nur mit der eigenen Beziehung zu befassen – nicht stellen kann.

Die Verschmelzung, das bloß emotionale, unbewußte Einssein, mit dem Du hat für alle Menschen etwas fast unwiderstehlich Anziehendes. Die Anziehung kann so weit gehen, daß jemand durch viele Jahre, vielleicht bis zum Tode, als Lebensform eine Symbiose, das heißt ein »Zusammenwachsen im Leben«, mit einem andern Menschen sucht, und sei es nur im Haß, wenn die Symbiose der Liebe ihm nicht mehr möglich ist. Motive dafür sind Angst vor Isolierung, Bedeutungslosigkeit, Gleichgültigkeit, Langeweile und Selbstverantwortung. Auch wenn eine solche Symbiose des Hasses zu Trennung und Scheidung geführt hat, pflegt man sie in der eigenen Seele sorgsam weiter bis zum Tode, als wäre sie wertvollstes Gut.

In einem gewissen Sinne ist sie dies auch, denn der Haß ist das einzige, was einen solchen Menschen lebendig hält, das einzige, wodurch er eine emotionale Verbindung zur Außenwelt herstellt, das einzige Tor zur Welt und in die eigene Seele. Das Einssein mit dem, was das Ich in seinen engen Grenzen nicht ist: die fremde und lockende Welt außen und die fremde und lockende Seele innen, ist tatsächlich der Sinn eines Menschenlebens. Wie jede andere Symbiose hält auch die Symbiose des Hasses jung, weil sie dem Ich ständig neues Leben zuführt.

Symbiotische Menschen haben wie Säuglinge eine unerschöpfliche Energiequelle. Der geliebte oder gehaßte Mensch ist für sie die ewig junge Mutterbrust.

Außerdem vermischt sich das emotionale Nein des Hasses immer auch mit dem emotionalen Ja der Liebe. Im Unbewußten sind Ja und Nein miteinander vermengt, und wenn wir tief genug gehen, lösen sich beide allmählich in einem einzigen, wertneutralen Zusammenwachsen von Ich und Du, die es als einzelne dann immer weniger gibt, auf. Liebe und Haß sind nicht nur als emotionale Gegensätze miteinander verwandt, sondern in der tiefsten Seele, wo das Licht des Bewußtseins mit seinen Unterscheidungen von Gut und Böse, Ja und Nein nicht mehr eindringt, gar identisch. Eine Ahnung davon vermitteln uns paradoxe Begebnisse: Zwei Menschen haben sich aus schrecklichsten Zerwürfnissen heraus getrennt und sind jahrelang nur von einer einzigen Emotion besessen, nämlich von Haß auf den andern. Sie treffen sich nach Jahren zum ersten Male wieder, um ihren Haß auszuspeien und »sich alle Schande zu sagen«. Sie werden ihren Haß los, aber völlig anders, als sie es voraussehen konnten: Sie verlieben sich erneut leidenschaftlich ineinander. Sie wollten sich verletzen und finden sich in der Umarmung wieder.

Auch in unseren Träumen finden wir manchmal den Umschlag von Liebe in Haß und von Haß in Liebe. Der geliebteste Mensch erscheint uns mit haßverzerrtem Gesicht, und der verhaßteste Mensch übt eine unwiderstehliche erotische Anziehung aus.

Die unwillkürliche Verschmelzung mit einem Menschen, in welcher Emotion auch immer, wühlt uns so auf, weil in ihr alle Wertungen, Abgrenzungen, Unterscheidungen, die unserem Leben bisher Struktur gegeben und es vor Zerstörung geschützt haben, eingerissen sind. Bleibt es bei solchen unbewußten Verschmelzungen, zahlen wir dafür einen hohen Preis, nämlich den Preis eines aus freien Entscheidungen heraus gestalteten, individuellen Menschenlebens. Der unwiderstehliche Schicksalszwang, der von einer Symbiose ausgeht, macht die Gestaltung eines Lebens in Freiheit unmöglich. Die bloße Emotion des Einsseins, wenn sie nicht zur bewußten Leitbildspiegelung mit der ihr eigenen Unterscheidung von Ich und Du wird, hält zwar jung, aber wir können damit nicht älter und reifer werden. Eine persönliche Entwicklung durch aktives Eingehen auf ein Du findet nicht statt.

Von daher ist es verständlich, daß der gesunde Mensch gegen jede Verschmelzung, so notwendig sie für die erste Zeit auch sein mag, nach einer Weile Widerstände empfindet, die ihn zum Verlassen dieses Zustandes und zur Suche nach einer neuen, bewußteren Form der Einswerdung mit dem Du motivieren.

Solche Widerstände sind zunächst unbewußt. Sie können sich in Schreckensvisionen äußern. Zum Beispiel wird die Frau eines krebskranken Mannes die Phantasie nicht los, daß sie an dessen Todestag auch sterben werde. Diese Phantasie hat einen geschichtlichen Hintergrund, nämlich den in einigen primitiven patriarchalischen Gesellschaften geübten Brauch der Witwenverbrennung, eine schauerliche Konsequenz des ersten Liebesschwures: »Mein Leben und dein Leben sind bis in den Tod unzertrennlich verknüpft.«

Ähnliche Schreckensvisionen, die die Weckung unseres Widerstandes gegen die Symbiose zum Ziel haben, finden sich sowohl in den Phantasien einzelner als auch in den Kollektivphantasien der Mythen. Junge Menschen, die zum ersten Male in einer Liebesbindung stehen, befürchten, oft zu Recht, sich für den Partner aufzugeben und dadurch »Kraft und Saft«, Autonomie und Freiheit zu verlieren. Sie haben Schreckensvisionen, wie sie der griechische Mythos der Lamia darstellt, einer Frau, die jungen Männern das Blut aussaugt. Lamia hat eine weitere zerstörerische Seite: Sie tötet die Kinder anderer Frauen, weil ihre eigenen Kinder von der Göttin Hera getötet wurden. Die Verbindung dieser beiden bösen Eigenschaften der Lamia zeigt, daß aus einer für das autonome Ich blutsaugerischen, zerstörerischen Bindung zum Partner kein »Kind«, das heißt keine Fruchtbarkeit, keine Entwicklungsmöglichkeiten des Individuums kommen können. Diese werden im Gegenteil abgewürgt. Die Widerstände, motiviert durch berechtigte Schreckensvisionen, haben den Sinn, die sterile Verschmelzung mit dem Partner aufzulösen.

Oft geraten wir immer wieder in jene symbiotische Abhängigkeit, die wir doch loswerden wollten. So verliebt sich ein Mädchen in einen bestimmten jungen Mann, um endlich dem Einfluß des verhaßten Vaters, das heißt auch der inneren Abhängigkeit vom Vater, dem eigenen Vaterkomplex, zu entkommen. Sie betrachtet ihren Freund als symbolischen Vatermörder: als den Helden, der ihre Verschmelzung mit dem Vater aufzulösen imstande ist. Weil sie diesen wichtigen Entwicklungsschritt jedoch nicht von sich selber, sondern von ihrem Freund erwartet, gerät sie vom Regen in die Traufe: Ihr Freund übernimmt bald einmal in ihrem Leben die autoritäre Vaterrolle. Sie ist zum zweiten Mal in die Falle der Symbiose mit einem Mann getreten und hat ihre Sehnsucht nach Freiheit selber zerschlagen.

Der griechische Mythos über die Liebesbindung von Perigune und Theseus läßt eine solche Entwicklung voraussehen. Der Held Theseus tötet einen älteren Mann namens Sinis auf grausamste Weise. Er biegt nämlich zwei Bäume zu sich herab, bindet an die Wipfel beider je einen Arm seines Opfers und läßt die Bäume emporschnellen, so daß der Körper des Sinis zerrissen wird. Und in eben diesen Theseus verliebt sich Perigune, die Tochter des Sinis. Sie erhofft sich vom Mörder ihres Vaters die Befreiung von ihrer inneren Abhängigkeit vom Vater: die Befreiung vom Vater- und Autoritätskomplex. Daß Perigune, indem sie sich in Theseus verliebt, diesen als Nachfolger des Vaters in ihrem Leben einsetzt und ihm das gleiche Besitzrecht über ihr Leben gibt, wie ihr Vater es hatte, ist ihr sicher ganz unbewußt. Das ist aber die für das Patriarchat typische Symbiose von Mann und Frau. Theseus und Perigune verlieben sich ineinander, um die alte patriarchalische Symbiose von Vater und Tochter weiterzuführen. Der Mord an Sinis wäre überflüssig, wenn Theseus sich nicht an dessen Stelle setzen wollte.

Davon merken die beiden im ersten Liebestaumel nichts, im Gegenteil: Perigune, so können wir Heutigen den Mythos weiterphantasieren, sieht Theseus als Helden, der sich in allem von ihrem verhaßten Vater unterscheidet, und Theseus ist überzeugt, für Perigune kein autoritärer Führer, sondern »demokratischer Partner« zu sein. Bis auf einmal diese positive Einschätzung in ihr Gegenteil umkippt und Perigune Theseus als autoritären, rücksichtslosen Vater zu kritisieren anfängt und Theseus Perigune als unselbständige, verwöhnte Tochter. Den heilsamen Widerstand gegen die patriarchalische Symbiose, der sich in solchen gegenseitigen Kritiken äußert, kann der griechische Mythos, der ganz dem Patriarchat verhaftet ist, noch nicht beschreiben. Von diesem Punkt an müssen wir selber den Mythos weiterspinnen. Eines steht fest: Mann und Frau können sich nicht wirklich lieben, solange sie miteinander hauptsächlich symbiotisch verbunden sind. Sie mögen zwar anfänglich ineinander verliebt sein. Doch mit der Zeit nehmen unreflektierte Widerstände, Gereiztheit, Nörgeleien, lustlose Zänkereien überhand.

Eine andere, in unserer Zeit verbreitete Schreckensvision der Symbiose von Mann und Frau gründet auf realistischen Erfahrungen. Es ist die Schreckensvision des Todes durch Herzinfarkt. Wir finden sie besonders häufig bei Männern, die in einer passiven Abhängigkeit von ihrer Frau stehen. Vielleicht nehmen sie diese Abhängigkeit nur als Trennungsangst wahr. Solche Männer gleichen ihre Abhängigkeit vom Lebenspartner chronisch mit übermäßigen Leistungen im Beruf und Sport aus, dank denen sie sich unabhängig und stark fühlen. Durch die Überbelastung können sich in der Tat vorzeitige Verschleißerscheinungen an den Herzkranzgefäßen ergeben. Die Schrekkensvision des Herztodes besteht also zu Recht, wenn wir uns auch vor der umgekehrten Folgerung hüten müssen, nämlich daß jeder Herztod die Folge einer solchen, durch Leistung kompensierten passiven Abhängigkeit vom Partner ist oder daß diese zwangsläufig zum Herztod führen muß. Auch diese Schreckensvision hat den Sinn, Widerstand zu wecken: dem unbewußten Ja der Abhängigkeit ein bewußtes Nein der Unabhängigkeit entgegenzustellen.

Wir beschäftigen uns in diesem Kapitel noch nicht mit dem bewußten, konstruktiven »Nein« in der Liebe. Wir beschränken uns vorerst darauf, mit den noch unreflektierten Formen unseres Widerstandes gegen die Verschmelzung mit dem Partner vertrauter zu werden.

Es ändert sich an der seelischen Problematik gar nichts, wenn der Leistungsmann, von dem die Rede ist, um der inneren Abhängigkeit von seiner Frau zu entgehen, für eine junge Freundin die Heldenrolle spielt und ihr »männliche« Kraft und Autonomie vorspielt. Es kommt vor, daß ein solcher Mann seinen Herztod gerade dann erleidet, wenn sich seine Frau aufgrund seiner Liebesaffäre von ihm getrennt hat.

Beispiele wie das eben beschriebene haben etwas Heimtückisches an sich. Sie können nämlich beim Leser, der sich in einer ähnlichen Lage zu befinden meint, lähmende Schuld- und Angstgefühle wecken. Deshalb muß hier beigefügt werden: Nicht jede außereheliche Beziehung, auch nicht die eines älteren Mannes mit einer jüngeren Frau, ist bloße Flucht vor der eigenen Problemsituation. Mehr noch: Keine dieser Beziehungen darf nur unter diesem Gesichtspunkt betrachtet werden. Beispiele haben den Vorteil des Konkreten, aber sie dürfen nie mit einer differenzierten Darstellung verwechselt werden.

Letzteres Beispiel soll vor allem zeigen, daß eine Überkompensation, wie Profilier- und Leistungssucht, die zugrundeliegende symbiotische Abhängigkeit nicht aufzulösen vermag und in Selbstzerstörung ausarten kann. Wiederum sind wir mit dem bloß unbewußten Nein gegen die Symbiose in eine Sackgasse geraten. Wir ahnen, daß der einzige Weg aus der Symbiose das bewußte Nein *in* der Liebe wäre, die realistische Abgrenzung vom Menschen, den wir am meisten lieben. Zur Verschmelzung neigende Menschen haben ganz allgemein Widerstände gegen eine tiefere Beziehung, befürchten sie doch zu Recht, diese könnte sie in die Unfreiheit führen. Und doch ist die Vermeidung einer wirklichen Beziehung der falsche Weg, um mit dem Problem der Symbiose fertig zu werden. Nur in einer bewußten Beziehung, wo Ja und Nein ihren Platz finden, kann sich die Persönlichkeit strukturieren. Solche Menschen haben manchmal bis ins Alter das Gefühl, das »wahre Leben« komme erst noch und ihr bisheriges Leben sei bloß ein provisorisches Vorgeplänkel. Daß man mit diesem Gefühl eines Lebensprovisoriums sehr wohl alt werden und sterben kann, ist vielen lange nicht klar, und wenn es ihnen klar wird, schlägt ihr früherer Optimismus leicht in Depression um.

Menschen, die, kaum gehen sie eine Beziehung ein, bereits von einer nächsten träumen und mit diesem Trick jede Beziehung vermeiden, scheinen immer sehnsüchtig auf den idealen Partner oder die ideale äußere Situation zu warten, die aus ihrem vorläufigen ein verbindlicheres Leben machen würde. Es sind Menschen, die im ersten oberflächlichen Kontakt ganz offen für eine Veränderung scheinen. Sie geben sich in jeder Begegnung so, als seien sie gerade daran, ihre seelische Jungfräulichkeit wie ein Gewand abzustreifen und sich hinzugeben. Doch bleibt es bei diesem unerfüllten Versprechen. Weil sie alles erwarten und nichts geben, bleiben sie ein Leben lang nach außen ein verschlossenes Tor und nach innen ohne Struktur.

Der Widerspruch zwischen üppigen Beziehungsphantasien und der Angst vor einer realen Beziehung, zwischen dahinschmelzender, sentimentaler Allverbundenheit und kühler, rigider Abgrenzung gegen die »Ansprüche« der Mitmenschen, zwischen sehnsüchtig passiver Weltoffenheit und geiziger Verweigerung einer konkreten Gebärde der Hingabe: dieser Widerspruch blockiert die seelische Entwicklung. Er machte den Konflikt aus, in dem der griechische Jüngling Narkissos steht.

Ich meine nicht, dieser Konflikt sei typisch für den narzißtischen Menschen, denn der Begriff Narzißmus hat in den letzten Jahren eine solche Aufblähung erfahren und ist so unscharf geworden, daß er kaum mehr zu verwenden ist. Und doch ist es kein Zufall, daß der Begriff Narzißmus mit geradezu religiöser Bedeutsamkeit aufgeladen wird. Er drückt etwas Zentrales in der Befindlichkeit des heutigen Menschen aus, der sich in der menschlichen Gemeinschaft und allgemein in der Umwelt isoliert fühlt und diese Isolierung durch Verschmelzungsphantasien ausgleicht. Vielleicht kann uns die Herkunft des Narzißmus-Begriffes, nämlich der griechische Mythos des Narkissos, den Bedeutungskern des kollektiven Dramas, das wir Narzißmus nennen, offenbaren.

Die verhängnisvolle Wende im Leben des bisher glücklichen jungen Mannes Narkissos beginnt damit, daß er sich auf die Hirschjagd begibt. Diese ist ein in Mythos und Märchen weitverbreitetes Motiv, das die instinktive Suche des Jugendlichen nach der eigenen autonomen »Männlichkeit« ausdrückt, und zwar vor allem »oben im Geweih«, das heißt im geistigen Bereich, als Ich-Festigkeit, Kampfwille, Ausdauer, Mut, Standhalten, durchdringender Verstand, Eigenschaften, die in der Menschheitsgeschichte zunächst stärker vom Mann entwickelt wurden und deshalb als spezifisch männlich gelten, obgleich Mann und Frau sie von der Anlage her im gleichen Maße besitzen.

In seiner Suche nach der eigenen »Männlichkeit« unterscheidet sich Narkissos nicht von seinen Altersgenossen. Und auch in dem, was jetzt folgt, gibt es zunächst keinen Unterschied zu dem, was viele Märchen, die von der Entwicklung eines jungen Mannes handeln, aufzeigen, oder zu dem, was männliche und weibliche Jugendliche bis zum heutigen Tag auf der Suche nach ihrer Autonomie und Unabhängigkeit erleben.

Narkissos findet das Gegenteil von dem, was er gesucht hat: anstelle des Hirsches die Nymphe Echo, anstelle einer stolzen, unverletzbaren Autonomie, die Gefühle und Empfindungen ausschließt, die Frau und den Eros. Hier vollzieht sich im Leben der meisten jungen Menschen sozusagen eine spontane seelische Schaltung. Sie relativieren ihr heroisches Streben nach klarer, nicht vom Eros »verunreinigter« Autonomie, geben sich in Liebe einem Du hin und erleben sich paradoxerweise gerade darin zum ersten Male in ihrer eigenen, auch geschlechtlichen Identität. Sie können also das ihnen Zufallende als das ihnen Notwendige auffassen und annehmen. Nachdem sie in der Jagd nach dem Hirschen selber die Führung hatten, lassen sie sich jetzt vom Eros ergreifen. Darin erweisen sie ihre Durchlässigkeit und Offenheit für das aus ihrem körperlich-seelischen Menschsein heraus einfach Geschehende. Sie lassen ihr Ich los und bekommen sich selber vom Du geschenkt. Dieser entscheidende Übergang läßt sie mitten in der realen Welt von Freude und Schmerz, von Liebe und Haß, von Leben und Tod als Erwachsene aufwachen.

Diesem Übergang sind vielleicht viele erotische Beziehungen vorangegangen, die jedoch mehr der »Jagd nach dem Hirschen«, das heißt der Selbstbestätigung und Ichfestigkeit dienten und keine wirkliche Hingabe an ein Du beinhalteten. Nur diese gibt Identität: »Wer sich verliert, findet sich.«

Narkissos jedoch kann die seelische Schaltung, von der die Rede war, nicht vollziehen. Er bleibt auf den Hirschen, auf die stolze Autonomie fixiert und fühlt diese durch den Eros bedroht. Schon die Tatsache, daß er die Frau für eine »Nymphe Echo«, also für das bloße Echo seines Ich hält, zeigt seine Abwehr des Eros, der das Ich mit einem Du verbindet. Der Name Echo für die mögliche Geliebte ist bereits Abwehrzauber des auf seine Unberührbarkeit und Unabhängigkeit bedachten Narkissos.

Beim Anblick der Nymphe Echo, also im schicksalhaften Moment, da er sich eigentlich vom Eros hätte ergreifen und wandeln lassen sollen, verläßt ihn der »männliche« Mut: Die »Kraft des Hirsches«, das heißt die unerschrockene, stolze Kampfbereitschaft ist ihm nicht verfügbar, weil er so sehr auf sie fixiert ist. Könnte er in der Hingabe an das Du auf die »Kraft des Hirsches« verzichten, würde er sie zum ersten Male gewinnen. So aber verliert er sie, bevor er sie gefunden hat. Nur die Kraft, die sich in der Hingabe verströmt, ist uns erfahrbar. Die Kraft, die sich dem Du verweigert, wird als Kraftlosigkeit erfahren.

Von Echo wird im Mythos gesagt, sie könne nur die Rufe anderer nachschwätzen. Interessant ist nun, daß durch Echos Nachreden die Bedeutung des Satzes, den ihr Narkissos zuruft, ins Gegenteil verkehrt wird. Durch das Echo sind uns ja nur die letzten Worte dessen, was wir rufen, wieder vernehmbar. Narkissos ruft: »Ich würde eher sterben, als mit dir liegen!«, worauf Echo fleht: »Mit dir liegen!« Was Echo flehend ausdrückt, ist die innerste Sehnsucht des Narkissos selber. Da dieser jedoch in seiner Ichbefangenheit die Stimme des Eros zum Schweigen bringt, kann er in der Umkehrung seiner eigenen Worte nicht die paradoxe Wahrheit seiner Seele hören und in eine Leitbildspiegelung mit Echo eintreten.

Statt die Erfüllung seines angespannten Jagdtriebes in der Entspannung mit Echo zu suchen, flieht Narkissos. Vom Jäger wird er zum Gejagten, vom Suchenden zum Verfolgten. Die Flucht vor dem Eros ist Flucht vor der eigenen Seele, Flucht vor der Wandlung und dem Erwachsenwerden.

Und doch behält Narkissos, wie jeder Mensch, die Sehnsucht nach Eros, nach Einswerden mit einem Du. Nachdem er dem realen Du ausgewichen ist, bleibt ihm als einziges »Objekt« zur Befriedigung dieser Sehnsucht das eigene Ich. Narkissos verdoppelt sein Ich im Spiegelbild und kann so jene Liebe, die ihrer Natur gemäß auf einen anderen Menschen gerichtet wäre, sich selber zufließen lassen. Dies ist das Gegenteil einer Leitbildspiegelung. Er weiß noch nicht, daß der schöne Knabe, den er liebt, sein eigenes Spiegelbild ist. Erst als dieses sich jedesmal auflöst, wenn er es zu umarmen und zu küssen versucht, realisiert er, daß es nicht zwei Wesen sind, die sich lieben, sondern nur eines, das sich selber liebt: Narkissos. Jetzt wird ihm das Unpassende und Unmögliche seiner Ichverliebtheit bewußt: Er möchte die Grenzen seines Ich in der Liebe sprengen, damit aus zweien ein größeres Ganzes werde, und liebt doch anstelle eines Du nur das eigene Ich, bleibt also in seinen engen Grenzen gefangen. Der Regelkreis ist perfekt. Aus ihm gibt es kein Entrinnen, keine Zukunft mehr. Sein Ich weckt in ihm als Spiegelbild eine Sehnsucht, die nur ein Du stillen könnte. So bleibt ihm nur der Selbstmord: Narkissos stößt sich einen Dolch in die Brust. Ichverliebtheit anstelle der Hingabe an ein Du bedeutet seelischen Tod.

Der Seher Theireisias hatte Narkissos vorausgesagt, er würde alt werden, falls er sich niemals selber kenne. Nun kannte Narkissos seine Ichverliebtheit, die ein seelisches Wachstum ausschloß, mußte die Konsequenz aus diesem Wissen ziehen und sich den Tod geben.

Narkissos war wohl ursprünglich eine Vegetations-Gottheit. Er wird erst zur Figur einer Tragödie, wenn das menschliche Individuum sich über das blumenhaft unbewußte, zyklische Aufblühen und Verwelken der Lebewesen erhebt und gleichzeitig die Gefahr spürt, wieder zurückzufallen, und dann mit dem zur Hingabe an die Welt geschaffenen Instrument des Bewußtseins nur noch das eigene Unvermögen zu dieser Hingabe erkennt.

Narkissos war wie Hyakinthos ein kretischer Frühlingsheld. Frühlingsblumen blühen auf und verwelken nach kurzer Zeit. Narkissos hat während einer bestimmten Entwicklungsphase in jedem Menschen Lebensrecht und Sinn. In dieser haben Mädchen und Burschen, kaum dem Kindesalter entwachsen, in ihrem Erscheinungsbild etwas Hermaphroditisches, Weiblich-Männliches. Ich und Du, Mann und Frau, Unbewußtes und Bewußtes scheinen für kurze Zeit in eins zu fallen. Der Blick solcher jungen Menschen zeigt gleichzeitig Ichbefangenheit und schmelzendes Einssein mit der Welt, eine Verbindung, die später nur noch selten möglich ist. In dieser Phase trübt kein Nein zum Du das Ja zum Ich. Die Verschmelzung mit dem Ich ist gleichzeitig eine Verschmelzung mit der unbekannten Welt innen und außen. Es ist dies die wahre Stunde des Narkissos. Einen Abglanz dieser Stunde erlebt der schöpferische Mensch, wenn er, im Aufblühen eines neuen Werkes, für kurze Zeit nicht mehr unterscheidet zwischen Ich und Du, Selbst und Welt.

Versucht Narkissos jedoch diese seine Stunde über Gebühr hinaus zu verlängern, wird sein Ich immer enger, angstvoller, härter, und sein Widerstand gegen die Verbindung mit einem Du wächst. Gleichzeitig wird er immer abhängiger von der Umwelt, indem er sie zurückweist und sich abkapselt. Sein unüberlegtes Nein zur Verschmelzung bewirkt gerade die Verschmelzung. Die Träume des überalterten Narkissos zeigen, wie bedroht seine Eigenständigkeit ist und wie sehr er seelisch von seiner Umwelt überschwemmt wird.

Solange wir in einer Beziehung zwischen zwanghaft passiver Abhängigkeit und Widerständen gegen diese hin- und herschwanken, kann es keine Liebe zum Du geben, denn Liebe ist Freiheit, die sich in aktiver Hingabe, Fürsorge, Anteilnahme, Mitverantwortung äußert. Passiver Widerstand gegen das Du ist das Gegenteil der aktiv bejahenden Haltung.

Diese Liebesunfähigkeit äußert sich unter anderem beim impotenten Mann, der von seiner Frau seelisch so abhängig ist, daß er seinen Widerstand gegen diese Symbiose ausdrücken muß. Er tut es mit seinem sexuellen Unvermögen, vielleicht dem einzigen ihm verfügbaren Nein zur Abhängigkeit von seiner Frau. Diese Liebesunfähigkeit zeigt sich unter anderem auch bei der frigiden Frau, die im Zusammenleben mit ihrem Mann kein Eigenleben entfalten kann und ihr Nein zu ihrer Abhängigkeit in der sexuellen Empfindungslosigkeit ausdrückt. Wie ich später ausführen werde, veranschaulichen Impotenz und Frigidität, wie das versteckte Nein zum Du die liebende Hingabe verhindert.

Die Selbstzerstörung des Stärkeren

Der Mensch tritt ins Leben weich und schwach,
er stirbt hart und stark.
Alle Wesen treten ins Leben weich und zart,
sie sterben trocken und dürr.
Darum: Das Harte und Starke ist Begleiter des Todes,
das Weiche und Schwache ist Begleiter des Lebens.
(Tao Tê King)

In einer Partnerschaft haben wir es schwer, dem Druck der bloßen Funktionalität zu widerstehen, welche die Beziehungen unter den Menschen heute immer ausschließlicher regelt. Wer an seinem Arbeitsplatz von morgens bis abends in den Kategorien von Soll und Haben denkt und handelt, hat es schwer, in seiner freien Zeit die Fähigkeit zum inneren Erfahren, Entzükken, Auskosten zu entwickeln, ohne die keine Liebesbeziehung entstehen und wachsen kann. Unsere wirtschaftliche Mentalität beruht auf der Voraussetzung: »Wenn eine Sache ganz mein ist, kann sie nicht gleichzeitig dein sein.« Diese Mentalität ist allgegenwärtig, so daß die meisten unserer Kontakte den kommerziellen Charakter von Tauschgeschäften haben: Wer etwas gibt, dem wird dafür etwas anderes gegeben.

In der reifen Liebe jedoch sind Soll und Haben, sind Bekommen und Geben identisch. Wir bekommen im Geben gerade das geschenkt, was wir geben. Schenken wir Freude, bekommen wir eben diese Freude im Schenken geschenkt; wir werden froh, wenn wir froh machen. Der Gebende erfährt im Geben seine eigene Lebendigkeit und nimmt im Du, dem er sich gibt, unbekannte Möglichkeiten seiner eigenen Seele wahr. Die paradoxe Übereinstimmung von Geben und Bekommen ist dem an wirtschaftliches Denken Gewohnten kaum einfühlbar.

Dies muß in Erinnerung gerufen werden, wenn es darum geht, die Selbstzerstörung vieler Menschen in unserer Gesellschaft zu begreifen. Viele Menschen fühlen sich bestenfalls zu Beginn einer Liebesbeziehung lebendig. Sie schützen eine Zeitlang die besondere Erfahrung der Liebe vor der Tauschhandelmentalität, die ihre anderen Beziehungen prägt. Doch können sie sich auf Dauer auch in ihrer Partnerschaft dem Terror der Händlermentalität nicht entziehen. Schon zu Beginn der Liebesbeziehung haben sie sich vielleicht bei Arbeitskollegen für den wichtigen Platz, den diese in ihrem Leben einnimmt, entschuldigt, wie man sich für eine Kinderei entschuldigt. Durch die Entschuldigung begannen sie den Eros zu entwerten: Liebe ist eine entschuldbare Schwäche, die man sich ab und zu angesichts der harten Realität des Lebens erlauben darf. Liebe hat also keine Realität; sie ist bloße Fiktion. Auf Grund dieser Mentalität wird die Liebe für sie nach und nach wieder unwichtiger. Dies schreiben sie der Gewöhnung zu. Während das Gefühl erkaltet, regeln sie das Zusammenleben mit dem Partner nach bewährtem wirtschaftlichen Muster: Jeder erbringt für den andern eine möglichst gleichwertige Leistung.

Männer in führenden Positionen sind für diesen selbstzerstörerischen Prozeß besonders anfällig. Deshalb ist im folgenden von ihnen die Rede. Doch da sie in unserer Zivilisation ein Idealbild darstellen, ist niemand gegen den gefährlichen Sog, der von ihnen ausgeht, gefeit. Auch bei vielen Frauen verstärkt sich die Tendenz zur Entwertung des Eros in dem Maße, in dem sie sich dem männlichen Leistungsstreben unterwerfen.

Leistungsmänner gehen mit ihrer Begabung zur Liebe schlecht um. Ihre Fähigkeit, Gefühle als innere Realität wahrzunehmen und die eigene Gefühlswelt in der Hingabe an den Partner zu strukturieren, bleibt unentwickelt. Mit ihrer Emotionalität besetzen sie nicht ein Du, sondern ein unpassendes Objekt. Wie Narkissos seine Emotionalität statt in ein Du widernatürlich zurück ins eigene Ich lenkte, in ähnlicher Weise besetzt der »Leistungsmann« seinen Beruf oder seinen Lieblingssport auch mit jener Energie, die für die Hingabe an das Du, für die Liebe, bestimmt wäre.

Wenn nun die für die Liebe bestimmte Energie keine Verbindung zu einem Du findet, entsteht im Ich ein übermäßiger Druck und eine Stauung. Entweder schafft man sich jetzt Ventile, um Dampf abzulassen, zum Beispiel in sexuellen Phantasien und Erlebnissen ohne reales Interesse an einem Du, oder aber der Druck läßt das Ich »an allen Fronten« immer praller, aufgeblähter, aggressiver werden. Der seelische und körperliche Kreislauf wird ständig überlastet und verschlissen. Mit einer Stoßkraft, die nur in der Liebe ihren natürlichen Sinn fände, stürzt sich der Leistungsmann in die Arbeit. Vielleicht widerfährt ihm dann das gleiche Unglück wie einem Rasierapparat, der an eine zu hohe Voltspannung angeschlossen ist. Dieser funktioniert eine Weile effizienter als ein anderer Apparat des gleichen Typs, der an die richtige Voltspannung angeschlossen ist. In kurzer Zeit aber wird der Motor überhitzt und geht plötzlich irreparabel kaputt. Ähnlich kann ein Leistungsmann wirklich an gebrochenem Herzen sterben. Seine Liebe hat den Weg aus dem Ich ins Du nicht gefunden.

Die verhinderte Du-Findung macht auch die Selbst-Findung unmöglich, denn nur im Leitbild des Du kann das Ich die eigenen seelischen Entwicklungsbereitschaften spiegelbildlich wahrnehmen, beleben und verwirklichen. Wer den Zugang zum Du nicht findet, hat auch keinen Zugang zu seinem inneren Kern, den wir das Selbst nennen. Ohne Eros fühlen wir uns unlebendig. Sogar der Eremit kann seine Seele nur entfalten, wenn er sich in Meditation oder Gebet auf die Welt, nämlich die »Erlösung aller Lebewesen«, wie Buddha sagt, bezieht. Der Leistungsmann leidet am Überdruck durch jene Energie, die eigentlich zur Du- und Selbstfindung bestimmt wäre.

In der Ehe scheint der Leistungsmann der Stärkere zu sein: Er entscheidet, wie das praktische Zusammenleben gestaltet wird. Diese Stärke ist jedoch nur eine vermeintliche, nicht nur, weil er süchtig nach mütterlicher Betreuung durch seine Frau ist, sondern vor allem, weil er sich in der Familie dem gleichen unnatürlichen Leistungsdruck wie am Arbeitsplatz aussetzt. Daher wird seine Macht eines Tages unweigerlich in Ohnmacht umschlagen.

Von diesen Zusammenhängen hat der Leistungsmann ein dunkles, beunruhigendes Wissen. Er hat übermäßige Angst vor Krankheiten und dem Sterben. In der Familie und am Arbeitsplatz wird er immer starrer und tyrannischer, um sich gegen diese Angst zu schützen. Dadurch wachsen seine Isolierung und der Druck, der ihn eines Tages zerreißen wird.

Vom Leistungsmann darf keinerlei Gespür für die Natur erwartet werden. Umweltschutz bedeutet für sein Empfinden nicht mehr als zusätzliche »Gesetzespakete«. Er ist unsensibel für die Botschaften seines Körpers und seiner Seele, für Warnsignale aus ersten körperlichen Verschleißerscheinungen und aus seinen düsteren apokalyptischen Träumen und Phantasien. Er nimmt wohl zur Kenntnis, daß seine Frau neben ihm verkümmert, aber er hat kein wirkliches Gespür dafür, wie ihm auch das Gespür für seine eigene seelische Verkümmerung fehlt.

Ich versuche nun zu zeigen, wie die Selbstzerstörung des Leistungsmenschen Schritt um Schritt vor sich geht und wie sein fatales Nein zum Leben, das sich zunächst mit der Leistungslust tarnt, nach und nach alles Wachstum tötet und schließlich in das totale Nein der Selbstvernichtung mündet.

Wird die für den Eros bestimmte seelische Energie gewohnheitsmäßig ins Ich – in Ehrgeiz und Leistungen – zurückgelenkt, tritt an die Stelle des Eros die Gier. Das erotische Gefälle vom Ich zum Du und vom Du zum Ich wird ersetzt durch den Einfluß auf andere Menschen, den der Leistungsmann gierig zu verstärken sucht. Er nimmt sich so viel wie möglich: Geld, Erfolg, Macht, Sexualität. Weil die Gier nur fordert und nichts gibt, führt sie nie zur wirklich entspannenden Befriedigung. Sie kommt nie zur Ruhe. Das Leben läuft mit überhöhter Drehzahl mechanisch und zwanghaft.

Die Gier verneint stets das, was sie haben will. Es mangelt ihr völlig am Respekt für das Objekt, weil sie nur darauf bedacht ist, sich dieses einzuverleiben. Andere Menschen zu »verheizen« oder zu »verschrotten« ist für den Gierigen Quelle des Wohlbehagens. Vor Menschen, die uns nur »begehren«, müssen wir uns in acht nehmen, denn ihre Gier könnte uns vernichten. Sind wir selber gierig auf einen Menschen, sollte das Verantwortungsbewußtsein unserer Gier einen Riegel vorschieben.

Im Gegensatz zum gesunden Bedürfnis ist die Gier ihrem Objekt nie angemessen. Sie nimmt es ungebührlich in Beschlag, mißbraucht seine Autonomie und Eigenart. Im Gegensatz zum Ja der Hingabe ist sie das Nein der Zerstörung. Gier läßt sich mit Liebe und auch mit einer natürlichen Beziehung zu den Dingen nicht vereinen. Für den Gierigen verliert Geld seine Bedeutung als Tauschwert zum Erwerb erstrebenswerter Güter und wird zum Selbstzweck. Der Gierige empfindet Lust an seinem »Gestopftsein«, wie ein neuer volkstümlicher Ausdruck in der Schweiz den materiellen Reichtum tiefsinnig bezeichnet. Seine »Geldverstopfung« ersetzt seine erotische Potenz. Man behält sein Geld zurück, gönnt sich und andern wenig und fühlt sich in seinem gierigen Geiz mächtig und stark. Die Kühlschränke in den Villen der Gierigen sind oft fast leer. Denn der Gierige sammelt nicht Waren, die »zum baldigen Verbrauch« bestimmt sind, sondern Wertbeständiges, mit dem er sich »stopfen« kann.

Die Gier unterscheidet sich vom wohltuenden Einfluß eines Menschen auf andere Menschen, einem Einfluß, der ohne besondere Anstrengung aus der natürlichen Ausstrahlung seiner Persönlichkeit kommt. Er bewirkt, daß diese gehört und ernst genommen wird. Er steht im Dienste des Eros: der gefühlsmäßigen Verbindung zwischen den Menschen, und der Leitbildspiegelung: der bereichernden Mitteilung. Der Gierige jedoch versucht, mit seinem Einfluß andere Menschen zu lähmen und zu immobilisieren, so daß sie den Blick von ihm nicht abwenden können und jedes Eigenleben in ihnen erstarrt. Er macht es mit anderen Menschen wie mit seiner eigenen Seele, deren Bedürfnis nach Freiheit und Hingabe er erstickt. Er neutralisiert die Unterdrückung seiner eigenen Gefühle und seiner Lebendigkeit ständig in der Unterdrückung anderer Menschen: Diese läßt ihn jene nicht spüren. Die Härte gegen sich selber bekommt einen perversen Sinn in der Härte gegen die andern, die Selbstverachtung in der Menschenverachtung. Im Krieg an allen Fronten zu stehen gibt dem Gierigen die Illusion von Fülle und pulsierendem Leben. Bei dem Gierigen ist immer etwas los, doch gelöst ist er nie, weil er die Entspannung des Eros scheut.

Sexualität schließlich ist für den Gierigen nicht überschäumende Lebendigkeit in der körperlich-seelischen Hingabe an ein Du, im ekstatischen Sprengen der Ich-Grenzen und im Einswerden der Liebenden. Sie hat bei ihm immer zwanghaften Charakter. Orgasmen werden gebucht wie die laufenden Geldeinnahmen. Das Du bleibt fern. Es wird kaum wahrgenommen. Man ist höchstens nett zum Partner, damit er mithilft, die eigene Lust zu steigern.

Die Reaktionen des Gierigen auf Außenreize und Anforderungen sind übertrieben. Für einen oberflächlichen Beobachter ist der Gierige ein vitaler Mensch mit überbordender Lebenskraft. Doch bei näherer Betrachtung fällt sein Hochstaplertum in die Augen: Seine Muskeln spannen sich mehr, als es von der gestellten Aufgabe her nötig wäre. Sein Einsatz für ein gegebenes Anliegen wirkt unangemessen. Er kämpft, wo Spiel am Platz wäre, schlägt ohne äußere Notwendigkeit mit der Faust auf den Tisch, um seiner Meinung Nachdruck zu verleihen. Im verwirrenden Rummel, den er um sich macht, fehlt nur eines: der Gefühlston, die gemütliche Beziehung, der wärmende Eros. In seiner geschäftig gespannten Hochstapelei überfordert er ständig sowohl seine Umwelt als auch seine eigenen Kräfte.

Für den Buddhismus ist die Begehrlichkeit die Ursache allen Leides. Zwar ist unser westlicher Begriff des Leidens nicht ganz der gleiche. Doch veranschaulicht der Leistungsmann die buddhistische Aussage, daß die Gier am Anfang einer Leidenskette steht, die mit dem Tod endet.

In der Tat: Der Leistungsmensch kann seiner ungehemmten, grenzenlosen Gier nicht jahrzehntelang frönen. Nach einiger Zeit beginnt sie ihr wahres Gesicht zu zeigen: Nein zum Leben, Selbstzerstörung aus Mangel an Liebe zum Du und zum Selbst. Anfangs kann der Leistungsmensch seinen Leistungsmotor noch abstellen, wann immer er will, und »Pause machen«. Auf einmal aber kann es passieren, daß er nach einem befriedigenden Geschäftsabschluß, einem geglückten Orgasmus den Zündungsschlüssel seines Fahrzeugs nach links dreht und der Motor, statt abgestellt zu werden, aufheult und weiterdreht. Er kann nicht mehr abschalten. Der Leistungsmann kommt mit seiner Gier gegen den eigenen Willen »ins Rotieren«. Das Herz jagt weiter, wenn es still werden müßte. Die Gedanken drehen sich weiterhin im Kopf, auch nachdem ihr Ziel bereits erreicht ist. Das Unmäßige des gierigen Lebensstils zeigt seine Konsequenzen.

Dadurch spaltet sich das Lebensgefühl des Leistungsmenschen. Das protzige Nein zum Du erfaßt gegen seine Absicht das Ich. Der Gierige erschrickt, daß sich die Waffe in seiner Hand immer häufiger und unkontrollierbarer gegen ihn selber richtet und ihn bedroht. Die subjektive Belastung im Beruf, die er bisher gierig gesucht hat, wächst ihm über den Kopf, nicht in erster Linie, weil sie größer geworden wäre, sondern weil er sie nicht mehr kontrollieren kann und sie nicht mehr Objekt seiner Gier ist. Gegen dieses bedrohliche subjektive Gefühl der Überlastung empfindet er *Widerwillen.*

Jetzt ist die Gier in ihrem Amoklauf gebremst. Sie findet sich im Streit mit dem inneren Widerwillen gegen die Belastungen, die der Leistungsmensch doch selber gesucht und geschaffen hat. Die einzige Lust, die er kennt, nämlich die Lust am Einverleiben, Sich-Vollstopfen und Behalten, ist ihm vergällt. Er fühlt sich hilflos zwischen der alten Gier und dem neuen Widerwillen eingeklemmt. Er kann seine inneren Spannungen noch weniger loswerden als früher. Kommt zu den bisherigen Belastungen noch unvorhergesehen eine neue dazu, zum Beispiel eine unerwartete Komplikation bei einem Vertragsabschluß, wachsen Widerwille und Spannungen ins Unerträgliche.

Bis jetzt hat der Leistungsmann noch nicht jedes Gespür für die eigene Verfügungsgewalt und Autonomie verloren. Er fühlt sich zwar zwischen dem Ja der Gier und dem Nein des Widerwillens gespalten, aber die Hoffnung, schließlich doch mit dem lästigen Problem fertig zu werden, hat ihn noch nicht verlassen. Das ändert sich aber. Unmerklich beginnt nämlich im Leistungsmann ein Prozeß der Verdrängung. Er verdrängt die Tatsache, daß es seine eigene Gier war, die ihn in diese Belastungen gehetzt hat, daß er sie selber gewollt hat. Diese Verdrängung ist verständlich, erlebt er doch seine Gier immer weniger positiv als triumphale Lust an der Eroberung, sondern immer mehr negativ als Unlust infolge der Überforderung. Wir neigen dazu, die eigene Verantwortung an unangenehmen Erlebnissen zu verdrängen. Dadurch bekommen diese noch größere Macht über uns und lassen sich nicht mehr beeinflussen.

Durch seine Verdrängung verliert der Leistungsmann jegliche Verfügungsgewalt über sein Leben. Er, der sein großes Nein zum Du um der hemmungslosen Bejahung seines Ich willen gesprochen hat, gerät zunehmend in defensive Panik, wie Narkissos, der die Umarmung mit Echo um seiner Eigenständigkeit willen verweigert hat, von Echos Ansprüchen in panische Flucht geschlagen wird. Der Leistungsmann fühlt sich nicht mehr »Herr seiner selbst«, sondern ausgeliefert. Verschwunden ist der gierige Zugriff zur Welt. Seine seelische Energie, zur Hingabe bestimmt, in ich-süchtige Gier pervertiert, belebt jetzt seine *Abwehr:* An seiner Belastung sind jene anderen schuld, die er gierig ausgebeutet hat. Sie wollen immer mehr von ihm und überfordern ihn. Seine verdrängte Gier erscheint in der

Projektion auf die anderen und gegen ihn gerichtet: Man hat es auf ihn abgesehen. Er selber aber ist schwach und wehrlos.

In dieser paranoiden Vorstellung erfüllt sich die vergessene Sehnsucht seiner Jugend: Endlich hat er die Verbindung zum Du wiedergefunden. Das Du läßt sich nicht ausschließen. Suchen wir es nicht in der Hingabe, erzwingt es sich den Zugang zu uns und wird zum Verfolger. Die Abwehr des Du offenbart unsere Sehnsucht nach Eros.

Zum ersten Male seit seiner Verliebtheit in der Jugend packt ihn eine starke Emotion: panische Angst und Abwehr, die Rache des jahrzehntelang verschmähten Eros. Er fühlt sich vergewaltigt und ausgeliefert. Die vielen von ihm Vergewaltigten haben sich gegen ihn zusammengeschart, so meint seine Projektion. Vorbei ist die Freiheit des jagenden Raubtiers. Jetzt arbeitet er, damit ihn die andern nicht auffressen, und läßt sich von der Arbeit auffressen.

Sich selber gegen die Geister, die man gerufen hat, zu wehren ist zwecklos. Der Leistungsmensch hat nie gelernt, das Du anders denn als Konkurrent und damit als potentiellen Verfolger zu sehen. In dieser Perspektive kann es keine Entspannung geben. Wir sind jedoch auf zweckfreie Entspannungsphasen im Eros angewiesen. Sonst überfordern wir uns. Dem Leistungsmenschen bleibt schließlich nur die Ohnmacht. Noch steht er in seiner alten Position. Noch fällt er Entscheidungen, sticht die Konkurrenz aus, hält den ihm so fremd gewordenen Belastungen stand. Aber sein Leben ist zur bloßen Notwehr geworden. Denken und Handeln kommen nicht mehr aus ihm selber, sondern sind wie fremdgesteuert. Alles stürmt von außen gegen ihn an. Er hat aufgehört, ein eigenes Leben zu führen. Gewohnheitsmäßig verdient er Geld, behauptet seine Stellung, doch ohne jede Lust. Auch der sexuelle Trieb scheint ausgebrannt: kaum mehr ein Prickeln in seinem Körper, wenn er einer anziehenden Frau begegnet.

Dazu kommt, daß er in seinem Beruf immer mehr Fehler macht, die ihm früher nie passiert sind. Seine Mitarbeiter beginnen auf die Veränderungen in seiner Persönlichkeit aufmerksam zu werden. Der Geschäftsgang verschlechtert sich. Andere wollen nachstoßen, seinen Platz einnehmen. Er ist jetzt tatsächlich von außen bedrängt. In seinen Augen bestätigt es sich, daß nicht er, sondern die andern an seinem gehetzten Leben schuld waren und schuld sind. Er hatte seit jeher recht, vor andern Menschen auf der Hut zu sein und sentimentalen Wünschen nach Freundschaft zu widerstehen. Er hätte noch mehr aufpassen sollen: Jetzt ist er zum Freiwild geworden.

Todessehnsucht keimt in ihm auf: das einzige Lebendige, das ihm noch geblieben ist, das einzige Eigene, das keiner bedroht. Nachdem er im Laufe seines Lebens den Eros unterdrückt, die Gier neutralisiert, die Abwehr ohnmächtig aufgegeben hat, breiten sich in ihm süße Müdigkeit und Gleichgültigkeit aus. Noch immer steht er auf seinem Posten. Noch immer entscheidet, organisiert und plant er. Aber sein Leben ist nicht mehr hier. Sein Leben sind auch nicht die andern, die jetzt offen gegen ihn intrigieren. Sein Leben ist in diesem Warten auf den Tod. Fast fühlt er sich wie damals, als er noch lieben konnte. Fast ist er glücklich, daß sich in ihm der Stärkere selber zerstört.

In der Tragödie des Stärkeren, der sich selber zerstört, erkennen sich viele Menschen betroffen wieder. Sie enthält nicht nur für einige Führungskräfte der Wirtschaft, sondern für die meisten Menschen unserer Zivilisation ein Stück Wahrheit. Die Denaturierung des Eros zur ichsüchtigen Gier, dann die Aufspaltung der Gier einesteils in Leistung und andernteils in Widerwillen gegen die damit verbundenen Belastungen, außerdem die Verdrängung der Tatsache, daß diese Belastungen in der »gierigen Phase« frei gewählt wurden, und die Abwehr gegen die vermeintlich von außen her anstürmenden Forderungen, schließlich das Gefühl der Ohnmacht und die Todessehnsucht bilden die Etappen einer seelischen Tragödie, in der sich die meisten Menschen – vor allem Männer – unserer Zeit gespiegelt sehen. Besonders aber sind wir über die Tatsache erschüttert, daß die ganze Leidenskette des Leistungsmenschen einen einzigen Ursprung hat, nämlich das unbewußte Nein zum Eros. Der unheimlich heimliche Verlust des erotischen Weltbezugs beunruhigt uns zu Recht. Es braucht heute einen hohen Grad an bewußter Anstrengung, um der Umklammerung durch eine bloß funktionale Weltanschauung zu entkommen, weil diese das gesamte öffentliche Leben prägt.

Wir müssen sogar noch weiter gehen: Wenn wir nicht mehr fähig sind, Liebesbindungen einzugehen, wenn wir unsere Potenz und Lebenskraft nicht mehr im aktiven Einswerden mit einem Du erfahren und durch die Öffnung zum Du auch Einsicht ins eigene Selbst bekommen, gibt es für uns gar keinen anderen Weg mehr als den der beschriebenen Tragödie. Wohin denn soll die seelische Energie gehen, welcher der erotische Weg hinaus ins Du und hinein ins Selbst verwehrt ist, wenn nicht ins protzige Ich und seine Leistungen? Was bleibt uns dann noch als überspannte Egozentrik?

Die Folge davon ist das Gefühl der Bedrohung von innen und außen. Wenn die mystische Öffnung zum Selbst und die erotische Öffnung zur Welt hin verkümmert, werden wir von dem verfolgt, was wir verschmähen, nämlich von der eigenen Seelentiefe und der Außenwelt. Verfolgungsträume und ungerechtfertigte Existenzängste können die Folgen davon sein. Weil wir vor dem Kontakt mit diesen beiden Polen unserer Existenz fliehen, werden wir von ihnen bedrängt, denn die Verbindung mit ihnen ist Gebot unserer Natur. Was wir ablehnen, wird für uns böse, was wir aufnehmen, wird für uns gut. Der Liebende sieht keine Feinde, weder im eigenen Herzen noch in der umgebenden Welt. Trifft er auf Menschen, die ihn als Feind betrachten, läßt er sich von ihnen seelisch nicht vergiften, auch wenn sie ihm schaden. Nur durch die bewußte erotische Einstellung können wir uns der paranoiden Geisteshaltung unserer Zivilisation entziehen. Zwar sind die wachsenden Bedrohungen – zum Beispiel das Risiko einer militärischen Fehlleistung mit katastrophalen Auswirkungen und Zerstörung der Umwelt – schreckliche Realität. Doch verhindert gerade die paranoide Geisteshaltung eine realistische Politik, die diese Bedrohungen vermindern könnte. Dagegen läßt uns die erotische Einstellung mögliche Schritte zum Schutz und Wachstum des Lebendigen klarer sehen.

Das Christentum, insofern es einen absoluten Wahrheitsanspruch hat, leistet der heutigen paranoiden Geisteshaltung ungewollt Schützenhilfe. Indem es die Person Jesu als die ein für allemal erfolgte Totaloffenbarung Gottes verkündet, schürt es die Abwehr gegen alle außerhalb des eigenen Mauerrings gewachsenen Einsichten über den Menschen. Nächstenliebe wird an die Bedingung des wahren Glaubens und der wahren Moral geknüpft. Die mutige erotische Grundhaltung zur Welt verkümmert zur muffigen Wärme im eigenen Stall. Die Suche nach dem »Gott in uns«, wie christliche Mystiker das Selbst nannten, wird zur Apologetik von Glaubenssätzen, die aus Lebensangst für wahr gehalten werden. Dieses Christentum fördert den Stärkeren, der sich selber zerstört, indem es sein paranoides Lebensgefühl bestätigt. Christen, die dem Absolutheitsanspruch zum Opfer gefallen sind, sind als Menschen entweder widerspenstig wie Böcke oder zahm wie Lämmer. Sie wehren ab oder ordnen sich unter. Deshalb brechen sie nie zur erotischen Grundhaltung durch, die allein uns sowohl von den bösen Feinden als auch von den guten Genossen zur Mitmenschlichkeit hin erlösen kann. Sie geben vor, Jesus zu lieben, doch wer wirklich liebt, braucht sich nicht vor der Welt zu schützen. Nur wer an der eigenen Liebe zweifelt und diesen seinen Zweifel abwehrt, umgibt den Geliebten mit dogmatischen Zäunen. Der Stärkere, der sich selber zerstört, ist nicht nur ein Kind der funktionalen Mentalität, sondern auch der christlichen Intoleranz.

Politik in unserem Jahrhundert wurde und wird zu einem wichtigen Teil von unerotischen Individuen bestimmt, die vom egozentrischen Gefühl der Bedrohung beherrscht werden. Dadurch vergrößern sie die reale politische Bedrohung. Es gibt daraus keinen wirklichen Ausweg als die Umkehrung der skizzierten Tragödie, also die Abkehr von der Selbstzerstörung durch die Rückkehr zum Eros. Wir müssen uns mit allen uns verfügbaren Kräften des Bewußtseins und willens um den Eros bemühen und von ihm als aktivierendem Kern her unser Leben strukturieren. Das ist keine Neuauflage der Blumenkinder, die wie Hyakinthos und Narkissos schnell wie ein Frühling verblüht sind. Eros, der mehr von passiver Verschmelzung als von aktiver Hingabe bewegt wird, kann nicht direkt ins Weltgeschehen eingreifen.

Ich spreche ausdrücklich von Eros und nicht bloß von Nächstenliebe. Zum Eros gehört die körperliche Lust am Nächsten, sei es die gemeinsame leichte Schwingung, sei es die sexuelle Vereinigung. Ohne die körperliche Lust am Nächsten ist Nächstenliebe aufgesetzt und unfruchtbar. Ohne das Einüben in die erotische Liebe verliert die Nächstenliebe die Eigenschaft der Liebe und wird bloßes funktionales Denken und Handeln für »einen guten Zweck«. Unerotische »Nächstenliebe« kann zwar Schmerzen lindern und Wunden heilen, doch die Ursache der Schmerzen und Wunden, nämlich die Unfähigkeit zur Liebe, bleibt bestehen.

Ich meine natürlich nicht, daß wir mit allen Menschen, denen wir nahe kommen, eine sexuelle Beziehung anstreben sollten. Andererseits ist es sehr schwierig, ohne eine ganzheitliche, auch sexuelle Partnerschaft mit *einem* Menschen zur allgemeinen erotischen Grundhaltung zu finden, die nicht mit einem ästhetischen »ozeanischen Gefühl« für Gott und die Welt zu verwechseln ist. Dank einer solchen Partnerschaft schwingt Sexualität auch in allen anderen Beziehungen mit.

Je intensiver und inniger eine menschliche Beziehung wird, desto schwieriger ist es, die Verantwortung einseitig zu verteilen, das heißt sich selber als gut und den Partner als böse zu sehen. Je weiter entfernt jedoch eine Beziehung vom erotischen Kernelement, von der Erfahrung des inneren Einsseins und der Hingabe an das Du ist, desto unsensibler werden die Partner für ihre Eigenverantwortung. Im primitivsten Ehekrach ist es kaum denkbar, daß sich Partner so viele Lügen und unbegründete Vorwürfe an den Kopf werfen und so viele böse Absichten unterstellen wie Politiker in einem Wahlkampf, wo die feindlichen Lager klar getrennt erscheinen. In unseren Beziehungen vergrößert sich das Risiko der Zerstörung – des triumphalen, vernichtenden Neins –, je weiter wir uns von der Nähe und Intimität der erotischen Liebe entfernen. Das Risiko der Destruktivität wächst ins immer ungeheuerlichere, je größer die Distanz zum erotischen Kernelement wird. Nur die bewußte Einübung vieler einzelner in den Eros kann uns vor der Zerstörung retten.

Der Leistungsmensch der Gegenwart gleicht dem griechischen Helden Herakles, der mit der »Keule seiner Willenskraft« von Heldentat zu Heldentat stürmt, aber dem es an ehrfürchtigem, erotischen Weltbezug mangelt. Nach Abschluß seiner zehn Heldentaten wütet Herakles weiter. Das Blut, das er jetzt fließen läßt, ist sinnlos. Er tötet, weil er nicht aufhören kann, seine Keule zu schwingen. Nachdem er die nützliche Tat vollbracht hat, den Stall des Augias zu putzen, säubert er jetzt die Umwelt zu Tode und läßt die Kadaver am Wegrand liegen. Zur Strafe wird er als Sklave an eine Frau, an die Königin Omphale, verkauft, deren Liebhaber er wird. Im dreijährigen Liebesdienst an Omphale wird er von seinem Wahnsinn geheilt. Zwar geht dies nicht ohne Komplikationen, weil Herakles in einer ersten Phase, seiner heldischen Männlichkeit satt, zum weibischen Manne wird und Frauenkleider anzieht. Ähnliche Komplikationen sind im Bemühen um den Eros zwischen Frau und Mann auch in unserer Zeit unvermeidlich. Doch darf uns die Angst vor den Wirrnissen der Liebe nicht davon abschrekken, in die Schule des Eros zu gehen. Drei Jahre eines Menschenlebens sind nicht zu viel, um die innere und äußere Verbindung zwischen Mann und Frau, zwischen Männlichem und

Weiblichem zu erlernen. In drei Jahren kann man dem eigenen Leben auch höchstens eine neue, erotische Orientierung geben. Der Eros jedoch fordert uns ein Leben lang.

Eine Schule des Eros müßte heute wohl damit anfangen, die zerstörerischen Kräfte des Nein aufzudecken, die eine bloß funktionale Partnerschaft prägen. In dieser nämlich ersetzt die liebevoll getarnte Abwehr des Partners den verbindenden Eros. Der erste Lernschritt im Eros ist die Einsicht in die Gewalttätigkeit, die sich hinter einer rücksichtsvollen Haltung und ängstlichen Fürsorge verbergen kann.

Über die destruktiven »Guerillakämpfe« zwischen Menschen im Untergrund ihres Unbewußten geben abergläubische Praktiken erstaunlich genaue Auskünfte, zum Beispiel die Praxis des sogenannten *Gegenzaubers*. Was bedeutet das Wort Gegenzauber?

Im Mittelalter fühlten sich Menschen oft vom Zauber einer Hexe – von deren Sprüchen und Praktiken – verfolgt. Sie glaubten, daß Hexen Unglück und Tod säen können. Das eigene unbewußte Zerstörungsbedürfnis wurde dabei auf bestimmte Frauen projiziert, die Hexen genannt wurden. Fühlte sich jemand vom Zauber einer Hexe bedroht, suchte er Zuflucht in einem entsprechenden Gegenzauber: in bestimmten Sprüchen, Gesten, Riten, Tränken, die den bösen Zauber neutralisieren sollten. Die Kämpfe zwischen Zauber und Gegenzauber, bei denen jeder behauptet, er treibe keinen offensiven Zauber, sondern nur defensiven Gegenzauber, finden auf allen Ebenen der menschlichen Beziehungen statt, von der Zweierbeziehung bis zu den Beziehungen zwischen den politischen Blöcken.

In einer Lebensbeziehung können Zauber und Gegenzauber am ehesten durchschaut und in ein Spiel der Liebe gewandelt werden. Hier läßt sich die beherrschende Emotion einer bloß funktionalen Beziehung, nämlich das Nein zum Partner, nicht so leicht vertuschen wie in Beziehungen, wo die Beteiligten sich auf Distanz halten können. Das Nein der Stichelei, der Aggression, der Unterdrückung und des Hasses tritt in einer Lebensbeziehung unverhohlener ans Tageslicht und zwingt zur Auseinandersetzung. Will man keine Scheidung riskieren, hat man sich schließlich mit dem trennenden Nein auseinanderzusetzen.

Eine Schule des Eros müßte sich der Frage zuwenden, wie

Zauber und Gegenzauber in der Ehe oder einer anderen Lebensbeziehung zusammenspielen. Wie erwähnt, hält jeder Partner seinen Zauber für bloßen Gegenzauber: Der Zauber des andern ist Ursprung der notwendigen Gegenmaßnahmen. Von einer neutralen Warte aus betrachtet betreiben jedoch beide beides.

Die abergläubischen Praktiken im Mittelalter wurden natürlich nicht für die Auseinandersetzung zwischen Eheleuten geschaffen. Aber ihre Übertragung auf die Ehe ist psychologisch gerechtfertigt und aufschlußreich. Ich schildere zunächst ein Beispiel von vermeintlichem Hexenzauber, um die psychologischen Motive der Abwehr zu erhellen. Vergegenwärtigen wir uns eine schauerliche Szene, die sich im Mittelalter in manchen Häusern abgespielt hat: Eine Mutter schaut sich ihren Säugling an und erschrickt zutiefst: Sie kennt ihr Kind nicht mehr. Es muß ein fremdes Kind sein. Eine dämonische Macht, eine Hexe hat ihr Kind gestohlen und an seine Stelle ein anderes hingelegt, einen sogenannten Wechselbalg. Die psychologische Erklärung des Wechselbalgglaubens ist in den meisten Fällen die Angst vor einer krankhaften Veränderung am Kind. Doch wird auch vereinzelt von Wechselbälgen berichtet, die völlig gesund waren. Wie konnte es dann zu diesem Aberglauben kommen?

Wenn heute Eltern zu einem heranwachsenden, selbständig werdenden Kind sagen: »Du bist nicht unser Kind«, so meinen sie dies auch wirklich, denn sie können sich nicht mehr mit ihm identifizieren. Wie ist diese totale Abkehr im Gefühl überhaupt möglich? Sie setzt voraus, daß die Eltern vorher ganz mit dem Kind verschmolzen waren und das Eigene, Individuelle in ihm gar nicht wahrnehmen konnten. Jetzt halten sie ihr Kind nicht mehr für ihr eigenes, denn ein Kind haben bedeutet für sie nichts anderes, als mit dem Kind wie einem eigenen Körperorgan identisch zu sein. Etwas Vergleichbares muß sich im Mittelalter abgespielt haben, wenn die Mutter ihr äußerlich identisches Kind auf einmal für einen Wechselbalg hielt. Weil sie in ihm unerwartet etwas Eigenes, Anderes, Fremdes, nicht mehr mit ihr, der Mutter, Identisches entdeckte, konnte sie die bisherige Identifizierung nicht mehr aufrechterhalten. Einem Wechselbalg wurde beispielsweise gedroht, er werde in den geheizten Backofen gesteckt, also zurück in den jetzt tödlichen Mutterschoß der Symbiose. Statt also das Eigene im Kind zu fördern, lehnten sie es ab, dieses »andere« Kind als ihr eigenes zu betrachten. Die Destruktivität wurde dabei auf das Kind übertragen: Von einem Wechselbalg wird unter anderem gesagt, er würde vier bis fünf Frauen völlig leersaugen.

Ein durchaus vergleichbarer seelischer Prozeß kann sich nach einer Zeit verliebter Verschmelzung auch zwischen zwei erwachsenen Menschen abspielen. Eine geringfügige Äußerung der Selbständigkeit genügt oft, um den geliebten Menschen zum Fremden werden zu lassen. Die Autonomieäußerung des Partners wird als Angriff erlebt, der abgewehrt werden muß. Dies ist die erste entscheidende Schwelle in jeder Liebesbeziehung. Während der ersten Verschmelzung geschah der Einbruch des Du als Anderes und Fremdes unbewußt. Das Ich wurde eine Zeitlang außer Gefecht gesetzt, um die Ausweitung seiner engen Grenzen überhaupt zu ermöglichen: Diese notwendige »Operation« geschah gleichsam unter Narkose. Verliebtheit betäubt das alte Ich, ohne es jedoch schon in ein größeres Ganzes zu wandeln.

Doch jetzt nimmt das alte Ich seine Funktion als Instanz zur Abgrenzung der bewußten Persönlichkeit wieder wahr. An dieser Schwelle angekommen, sollten wir begreifen, daß die ekstatische Verschmelzung mit dem Du eine tiefe Wahrheit enthielt und daß sie nicht nur vom »Trieb der Hingabe«, sondern gleichzeitig vom »Trieb der Selbstverwirklichung« verursacht wurde, was eigentlich das gleiche ist. Diese Einsicht kann die Leitbildspiegelung in Bewegung setzen, durch die wir aktiv suchen, was wir vorher passiv gefühlt haben, nämlich das Du als eine noch versteckte, unentwickelte Wahrheit unserer eigenen Seele. So wird die Hingabe an den Partner auch zur Hingabe an diese persönliche Wahrheit. Damit fällt das bedrohliche Gefühl weg, einem fremden Zauber ausgeliefert zu sein, wie auch der Zwang, diesen vermeintlichen Zauber durch einen wirksamen Gegenzauber abzuwehren.

Doch kehren wir zu den Manövern des Gegenzaubers zwischen zwei Lebenspartnern zurück. Gegenzauber ist Abwehr einer neuen Verbindung. Abwehr des Übergangs von einem passiven »ozeanischen Gefühl« zur realistischen, aktiven, verantwortungsvollen Hingabe an das Du. Ein Abwehrzauber gegen den Austausch des eigenen Kindes durch einen Wechselbalg war im Mittelalter die sorgfältige Beaufsichtigung und ordentliche Pflege des Kindes. Fremdheitserlebnisse gegenüber einem Menschen stellen sich nur dann ein, wenn es uns an Hingabe mangelt.

Im Mittelalter vollführte man als wirksamen Gegenzauber zur Vertreibung der Hexen heftigen Lärm und Getöse, wie es heute noch an Fasnacht zur Vertreibung des Winters geschieht. Auch unter Eheleuten dient »Krach machen« der Abwehr des Du. Indem man poltert, lärmt, schreit und sich »anbrüllt«, läßt man den andern nicht an sich herankommen. Man verschließt sich damit vor seinem Einfluß, vor dem, was er uns vielleicht über die eigene verborgene Wahrheit mitteilen könnte. Eine wünschenswerte Verstärkung dieses akustischen Gegenzaubers im Mittelalter waren Hunde mit ihrem Gebell, wie denn auch noch heute das gegenseitige »Sich-Anschnauzen« mithilft, sich den andern vom Leibe zu halten.

Ein anderer Gegenzauber bestand darin, den Dämonen gräßliche Gesichter zu zeigen, sei es durch Tätowierungen oder Masken. Auch Eheleute schneiden sich die häßlichsten Gesichter, um jede Anziehung auf den andern auszuschließen und endlich Ruhe zu haben. Aggressiv wird das eigene Revier mit Fratzen verteidigt, die oft ebenso versteinert grinsen wie Chimären von gotischen Kathedralen. Der Abwehrzauber der gräßlichen Fratze findet oft seinen Höhepunkt in einer Scheidung, bei der sich zwei Menschen mit dem häßlichsten Gesicht, das sie zur Verfügung haben, gegenseitig in die Flucht schlagen, um Ruhe zu haben. Oft geschieht dies bei dem einen Partner gewollt und beim andern, dem »Verlassenen«, ungewollt.

Dem gleichen Zweck dient der Gestank, den jemand macht. Gegen Dämonen wurden übelriechende Stoffe, sogar Menschenkot, eingesetzt. Es ist bekannt, daß tiefsitzende Abwehr gegen den Partner oft als übler Körpergeruch herausgeschwitzt wird. Wandelt sich dagegen die Abwehr in erotische Anziehung, kann man sich wieder riechen. Ein aufdringliches Parfüm im falschen Moment erfüllt auch eine unbeabsichtigte Abwehrfunktion: Das überstarke erotische Signal zeigt die heimliche Angst vor Sexualität und schlägt konsequenterweise jeden potentiellen Partner in die Flucht.

Eine verstecktere, aber nicht weniger wirksame Form von Gegenzauber war in den Ardennen üblich: Wenn sich jemand auf einem Fußmarsch von Dämonen verfolgt meinte, zerriß er Papier in kleine Stücke. Die Dämonen unterhielten sich dann mit dem Sammeln der Papierfetzen und vergaßen darob den Wanderer. Diese Form von Beschäftigungstherapie erfüllt auch zwischen Eheleuten zeitweilig einen durchaus wünschenswerten Zweck. Wenn die Atmosphäre zwischen ihnen geladen ist und ein schlimmes Zerwürfnis droht, lenkt man sich mit Nichtigkeiten ab. Man erzählt sich banale Dinge: was die Zeitung schreibt, die Freundin erzählt hat oder wie das Wetter jetzt in Rom ist, obschon man doch erst in einem Jahr dahin fahren will. Mittlerweile entspannen sich beide, und die Möglichkeit zu einer lohnenden Auseinandersetzung ist wieder offen. Zwei Menschen, die auf Dauer zusammenleben, brauchen ab und zu solche gegenzauberischen Tricks. Machen sie jedoch den gewohnten Stil aus, in dem die beiden miteinander umgehen, handelt es sich um eine schlaue, glatte Abwehr. Dies ist die Art und Weise, wie Partner des glücklichen Paares miteinander nett sind. Soviel zur Beschreibung einiger Fluchtmanöver in der Partnerschaft.

Eine Schule des Eros müßte sich jetzt dem Zusammenleben zweier Menschen zuwenden, die sich gegenseitig voneinander ausgenützt und bedroht vorkommen. Dies ist mein nächster Punkt. Ich beschränke mich dabei auf Beobachtungen, in denen besonders deutlich wird, daß Abwehr bei beiden Partnern immer ein Ineinandergreifen von aktiver Bedrohung und passiver Flucht ist. Drohgebärde und Fluchtgebärde ergeben zusammen das Nein, das die Liebe zerstören kann. Ich schlage noch keine Lösungen vor, sondern beschränke mich vorderhand darauf, das Gespür für die Verzahnung der gegensätzlichen Perspektiven der beiden Partner zu wecken.

Als Ausgangspunkt schlage ich das Beispiel eines Mannes vor, der in seinem Beruf überbeschäftigt ist, und seiner Frau, die im modern eingerichteten Kleinhaushalt unterbeschäftigt ist. Dieser Mann leidet allmählich darunter, in der Familie nur Geldverdiener, Ernährer, Gebender, Verantwortlicher zu sein. Früher hatte ihn die Hingabe an Frau und Kinder belebt und beglückt. Jetzt kommt er sich ausgenützt vor. Sein Unbehagen steigert sich nach und nach zum Gefühl der Bedrohung. Einmal träumte ihm, sein eigenes Fleisch werde ihm mit dem für den Sonntagsbraten bestimmten Tranchiermesser vom Leibe geschnitten. Immer mehr personifiziert er die Bedrohung in seiner Frau: Sie beutet ihn aus, profitiert von seinem Geld, unter anderem um andere Beziehungen zu pflegen, für die sie die nötige Muße und Entspannung mitbringe, über die er nicht verfüge. In diesem Gefühl des Bedrohtseins erstickt die frühere Liebe zu seiner Frau. Von seiner Warte aus gesehen ist er der Verfolgte und seine Frau die Verfolgerin.

Seine Frau jedoch sieht die Verhältnisse umgekehrt. Sie fühlt sich einem autoritären, tyrannischen, launischen Manne ausgeliefert. In seiner Gegenwart fühlt sie sich wie vom Leben abgeschnitten, gelähmt, ohne Initiative. Wenn Besuch da ist, schweigt sie meist und läßt ihn reden. Wenn er nicht so herrisch wäre, hätte sie mehr Kraft, anderen Interessen nachzugehen als nur dem Haushalt, unter Umständen auch einer Teilzeitarbeit. In diesem Gefühl des Bedrohtseins erstickt die Liebe zu ihrem Mann. Aus ihrer Perspektive ist sie die Verfolgte und ihr Mann der Verfolger.

Dieser Untergang der Liebe zwischen Mann und Frau ist typisch für die patriarchalische Gesellschaft. Somit ist sie keine nur moderne Erscheinung. Es ist kaum möglich, in dieser Partnerkonstellation das »Kernelement Liebe« zu bewahren. Durch eine neue Rollenverteilung in Beruf und Familie, wie sie heute möglich wird, würden zwei Menschen beweisen, daß sie ihre Liebe wirklich als tragendes Kernelement ihres Lebens betrachten und dieses trotz der gesellschaftlichen Schwierigkeiten unter allen Umständen retten wollen. Aber das Grundproblem liegt tiefer als in der Rollenverteilung. Eine flexiblere Neuverteilung der Rechte und Pflichten ändert am Verlust des Eros oft wenig, wenn sich das patriarchalische Selbstverständnis von Mann und Frau nicht ändert.

Es verhält sich damit ähnlich wie mit der Erziehung. Eltern, die selber verklemmt und unfrei sind, können zwar ihre Kinder nach neuesten psychologischen Erkenntnissen erziehen; die Kinder werden innerlich trotzdem verklemmt und unfrei sein. Das Unbewußte der Eltern erzieht mehr als ihr Bewußtsein. Eltern müssen sich selber zur Freiheit erziehen, damit die Kinder freie Menschen werden. Ebenso kann nur ein neues Selbstverständnis der Eheleute die Liebe retten.

Es gibt einen griechischen Mythos, der die typischen Haltungen von Mann und Frau im Patriarchat beschreibt. Es handelt sich um das Ehepaar Laios und Iokaste. Laios, König von Theben, weigerte sich, mit seiner Frau Iokaste zu schlafen, denn ein Spruch des Orakels von Delphi hatte ihm prophezeit, sein Sohn werde ihn umbringen. Iokaste sah keinen anderen Weg, Laios »in ihre Arme zu locken«, als ihn betrunken zu machen. Neun Monate später bekam sie einen Sohn.

Die Beziehung zwischen Laios und Iokaste muß auf zwei Ebenen betrachtet werden: auf der vordergründig sozialen und der hintergründig intimen. Nach außen bestimmte König Laios sicher auch in seiner Ehe, wie das Zusammenleben geregelt wurde. Es war ihm auch selbstverständlich, gegen den Willen seiner Frau die sexuelle Abstinenz durchzusetzen. Von einer Auseinandersetzung darüber ist im Mythos nicht die Rede. Er war der Herrscher und sie die Beherrschte. Iokaste kam sich benachteiligt und in ihrem Recht auf sexuelle Lust bedroht vor. Dies ist die äußere Erscheinungsform der patriarchalischen Ehe.

Nach innen jedoch, in wortloser Verborgenheit, spielte das umgekehrte Verhältnis. Im Bilde des Mannes, der schläft, während er einen Sohn zeugt, erkennen wir die ihm selber verborgene Abhängigkeit. Vordergründig gesehen ist der Mann Vater seiner Frau, doch insgeheim ist auch die Frau Mutter ihres Mannes. Als solche bestimmt sie über seine männliche Zeugungskraft, das heißt, sie kann ihn durch die Sexualität von sich abhängig machen.

Eigentlich ist nur das Orakel am Verhängnis schuld, das Laios schließlich erreichte, bewirkte es doch, daß sein Sohn Ödipus ausgesetzt wurde und ihn, seinen Vater, nicht kennen konnte. Hätte Ödipus Laios als seinen Vater erkannt, wäre es nicht zum Totschlag gekommen. Das Orakel muß also in das Verständnis der patriarchalischen Familienkonstellation einbezogen werden.

Das Orakel befindet sich im Inneren des Laios selber. Sein Schicksal, das von einem äußeren Orakel abzuhängen scheint, erfüllt sich in Tat und Wahrheit, wenn Laios jene Bedingungen, die in seinem Mythos als Lebensdaten angeführt sind, selber erfüllt: wenn er nämlich befürchtet, durch Geschlechtsverkehr mit seiner Frau geschwächt zu werden und seine Männlichkeit zu verlieren, und wenn er außerdem seine Männlichkeit mit der des jüngeren Mannes, seines Sohnes, vergleicht, statt sie in der Hingabe an die Frau zu erfahren und zu stärken; wenn er überdies trotz seiner Abwehr »bewußtseinslos« mit seiner Frau schläft und dadurch die symbiotische Abhängigkeit von ihr vertieft und schließlich den jüngeren potenteren Sohn aus seinem Bewußtsein verdrängt und dieser erst dadurch wirklich der Stärkere wird. Das Orakel ist nicht außerhalb dieser vier Bedingungen zu sehen. Es ist vielmehr mit diesen identisch, insofern sie zusammengenommen zwangsläufig zu jenem Schicksal führen müssen, das Laios schließlich ereilte, nämlich zum Verlust des Eros und zur Entmachtung durch den Sohn.

Auch die moderne Wahrsagerei deckt tiefe Ängste und Hoffnungen der Ratsuchenden auf, die sich später oft erfüllen. Der Gang zur Wahrsagerin zeigt oft eine verhängnisvolle Grundhaltung, nämlich den Glauben, daß das Schicksal uns zugesprochen wird. Eben diese passive Haltung bewirkt, daß sich unser Schicksal genauso erfüllt, wie es unsere Ängste oder im günstigeren Fall das Vertrauen auf den glücklichen Stern wollen. Schicksals entsteht aus dem passiven Nehmen dessen, was sich im Leben ohne unser Zutun ergibt. Viele Mythen schildern solche Schicksalsabläufe. Der Eros als Hingabe an das Leben ist die Macht, die wirksam ins Schicksal eingreifen kann, so daß unser Leben schließlich zu einer unverwechselbaren Mischung zwischen schicksalhaft Vorgegebenem und eigener bewußter Wahl wird.

Orakel machen Schicksalszwänge deutlich, seelische Abläufe, die so und nicht anders erfolgen können, weil kein rettendes Bewußtsein in sie eingreift. Zum Schicksalszwang der patriarchalischen Ehe gehört es, daß nach außen der Mann und nach innen die Frau regiert, und zwar nicht nur im Haus, sondern auch in der Seele. Im sozialen Verhalten gilt das patriarchalische Wertesystem: Der Mann bestimmt über die Frau, und die Frau läßt sich von ihm bestimmen. Doch innerpsychisch dominiert die Frau. Sie bestimmt über die Gefühlsatmosphäre in der Ehe. In der patriarchalischen Welt haben Frauen mehr innere Kraft als Männer.

Ödipus hatte also einen Vater, der nach außen stark, aber nach innen schwach war, und eine Mutter, die nach außen schwach und nach innen stark war. Daß sich in dieser Elternkonstellation der Sohn über die durch das Weibliche gegebene Anziehung hinaus maßlos mit der Mutter gegen den Vater verbindet, bis zu Phantasien des Inzests mit der Mutter und des Mordes am Vater, ist leicht verständlich. Ödipus als der Sohn beider offenbart dadurch in sich selber das verborgene innere Kräfteverhältnis zwischen Mann und Frau im Patriarchat, das dem äußeren, sozialen Kräfteverhältnis genau widerspricht. Als Mörder seines schwächeren Vaters ist er auch das Werkzeug seiner stärkeren Mutter und wie sein Vater dem Weiblichen verfallen. Außerdem: Als Mann seiner Mutter wählt er unbewußt das Schicksal seines Vaters, der insgeheim Sohn seiner Frau war.

Das Selbstverständnis von Mann und Frau im Patriarchat ist die Geburtsstätte des Ödipuskomplexes. Dieses Selbstverständnis macht die beidseitige Hingabe im Eros unmöglich. Der Ödipuskomplex gehört nicht zur Natur des Mannes. Er enthält die Ehegeschichte von Laios und Iokaste: die Geschichte einer Ehe im Patriarchat aus der Perspektive des Mannes.

Trotz Liberalisierung der öffentlichen Haltung zur gleichgeschlechtlichen Liebe ist die Abwehr gegen diese vor allem bei Männern in den letzten Jahren nicht kleiner geworden. Wo auch immer über Homosexuelle gesprochen wird, steigt die Spannung an. Abwehrreaktionen sind zu beobachten: verlegenes Grinsen, zotige Bemerkungen, demonstrative Pose der eigenen Heterosexualität, Versuche, vom Thema abzulenken. Bei Jugendlichen weckt das Thema außerdem oft fiebrige »Überdrehtheit«: Kaum je stößt das Reizwort Homosexualität auf Desinteresse und Gleichgültigkeit. Einmal ausgesprochen, setzt es bei vielen unerwartete Einfälle und Phantasien in Bewegung, und zwar auch bei Menschen, die ihre Liebesfähigkeit nur im gegengeschlechtlichen Eros erleben.

Das Wort Homosexualität mobilisiert in jedem Menschen seelische Energie, wenn auch in unterschiedlichem Ausmaß. Homosexualität hat einen bestimmten Grad an Energiebesetzung in jeder Psyche. Das ist erstaunlich, tritt doch der gleichgeschlechtliche Eros im öffentlichen Leben kaum in Erscheinung. Es ist einer der bemerkenswertesten Widersprüche in unserer Kultur, daß einerseits die Individuen auf gleichgeschlechtliche Reize starke Reaktionen zeigen und andererseits von außen gesehen Homosexualität fast inexistent scheint, und zwar sowohl im Leben der meisten Individuen als auch im öffentlichen Leben.

Seelische Energie aber kann nicht einfach verschwinden. Sie kann auch nicht beliebig umgeleitet werden. Es ist nur teilweise möglich, die gleichgeschlechtliche Anziehung in den Bereich der gegengeschlechtlichen Liebe zu lenken. Es stimmt zwar, daß für viele Heranwachsende eine intensive Phase gleichgeschlechtlicher Liebe von der endgültigen gegengeschlechtlichen Ausrichtung abgelöst wird. Aber es ist nicht die gleiche seelische Energie, die zuerst im einen und dann im andern war. Es läßt sich nämlich beobachten, daß sich die gleichgeschlechtliche Neigung bei solchen Heranwachsenden in dem Maße verringert, in dem sie in vielen Eigenschaften, sogar in der körperlichen Erscheinung, dem Freund oder den Freunden ähnlich werden, durch die sie erotisch angezogen wurden und in geringerer Stärke immer noch angezogen werden. Die seelische Energie, die in der gleichgeschlechtlichen Liebe war, besetzt jetzt neuentwickelte Seiten der eigenen Persönlichkeit.

Dazu ein vereinfachendes Beispiel: Ein ängstlicher Heranwachsender, der sich in einen mutigen Kameraden verliebt hat, verliert diese Verliebtheit in dem Maße, in dem er selber mutiger wird. Die Leitbildspiegelung zwischen Gleichgeschlechtlichen führt bei Heterosexuellen in höherem Maße zur »Du-Werdung« im eigenen Selbst als die Leitbildspiegelung zwischen gegengeschlechtlichen Partnern, die in ihrer leib-seelischen Polarität weiter voneinander entfernt bleiben, auch wenn jeder vieles von dem, was der andere ihm mitteilte, im eigenen Leben selber verwirklichen konnte. Deshalb beobachtete ich das Phänomen der Leitbildspiegelung zunächst in gleichgeschlechtlichen Beziehungen und habe dies in meinem Buch über die ›Homosexualität des Mannes‹ beschrieben. Ich nannte es damals das Phänomen der Spiegelkommunikation. Hernach ging ich ihm in der Auseinandersetzung mit religiösen Bildern (›Stichwort: Gottesbild‹) und in der Liebesbeziehung von Frau und Mann nach. Die seelische Energie der Homosexualität fließt zum Teil in Impulse zur Entwicklung der eigenen Persönlichkeit und zu einem andern Teil weiterhin in gleichgeschlechtliche Phantasien.

Heterosexuelle, die in der Jugend den gleichgeschlechtlichen Eros kennengelernt haben, erleben auch später noch, vor allem in Phasen seelischen Umbruchs, gleichgeschlechtliche Phantasien, die auch in sexuelle Begegnungen münden können. Wenn Heterosexuelle diese ihre homosexuelle Neigung abwehren und verdrängen, ist die Persönlichkeitsentwicklung blockiert, weil die Wandlung der homosexuellen Anziehung in Entwicklungsimpulse nicht stattfinden kann. Was geschieht in diesem Fall mit der homosexuellen Neigung? Sie vermischt sich in zu hohem Ausmaß sowohl mit der heterosexuellen Neigung als auch mit dem Aggressionstrieb. Der gleichgeschlechtliche Eros tarnt sich mit diesen beiden und ist nicht mehr ohne weiteres zu identifizieren. Die Vermischungen ergeben nämlich in beiden Fällen etwas spezifisch Neues, wie ich gleich darlegen werde.

Um der Ächtung durch die Gesellschaft und das eigene Gewissen zu entgehen, taucht die Homosexualität in diesen Mischungen unter. Dies ist ein unbewußter Vorgang, von dem der einzelne keinerlei Kenntnis hat.

Verschwindet zuviel gleichgeschlechtlicher Eros in die Vermischung mit dem gegengeschlechtlichen Eros und der Aggression, wird er in diesen zerstörerisch. Eine begrenzte Mischung dagegen von Heterosexualität, Homosexualität und Aggression ist natürlich und notwendig und stammt nicht aus der Verdrängung. Doch sollte ein je nach Individuen verschieden großes Potential an gleichgeschlechtlichem Eros dem Bewußtsein frei verfügbar sein. Das heißt, wir sollten gleichgeschlechtliche Phantasien zulassen und entsprechende Gefühlsbeziehungen eingehen. Sonst schleicht sich etwas Zerstörerisches sowohl in die Bindungen von Frau und Mann als auch in die aggressiven Regungen ein.

Diese Destruktivität äußert sich in den Beziehungen von Mann und Frau als übertriebene Abwehr, die den Eros hemmt. Während eine angemessene Mischung von gegen- und gleichgeschlechtlichem Eros in der Begegnung von Mann und Frau das Geschlechtsspezifische und Individuelle in den Partnern günstig verstärkt und die erotische Anziehung eher steigert, führt die übermäßige Besetzung des gegengeschlechtlichen Eros durch verdrängte Homosexualität zu Abwehrreaktionen gegenüber dem Partner, zu Mangel an Zärtlichkeit, zu genitaler Fixierung und manchmal sogar zu sadomasochistischem Verhalten. Dies stelle ich regelmäßig bei Heterosexuellen fest, die ihre homosexuellen Neigungen verdrängen.

Ähnliches gilt von der Verbindung zwischen Aggression und gleichgeschlechtlichem Eros. Während sie in einem angemessenen Mischverhältnis zu lustvoller Angriffigkeit, spielerischem Wettkampf, Freude an Auseinandersetzung und Disput, Begabung zur Gruppenbildung und zu sozialen Aufgaben führt, ergeben sich aus der übermäßigen Besetzung der Aggression durch verdrängte Homosexualität verbissener Konkurrenzgeist, Rivalität, Angst vor Gleichgeschlechtlichen und Vergleichszwang mit ihnen, Machtgier, selbstzerstörerische Leistungswut, Ohnmachtsgefühle und Depression.

Die Schwelle, an der das konstruktive Mischverhältnis in ein destruktives umschlägt, ist von Individuum zu Individuum verschieden. Theoretisch läßt sich darüber wenig sagen. Wichtiger ist es, im Einzelfall das Gespür zu entwickeln, wann diese Schwelle überschritten wird. Dies geschieht immer dann, wenn die erwähnten destruktiven Symptome im Eros zwischen Mann und Frau und in den Aggressionen auftauchen. Jetzt gilt es, den gleichgeschlechtlichen Eros aus seiner unnatürlichen Verbindung zu befreien und bewußt zu machen. Manchmal hilft schon die Einsicht in diese psychologischen Zusammenhänge. Oft jedoch ist die Bewußtmachung der Homosexualität ein schwieriger, angstvoller Weg. Wenn er gelingt, wird ein stärkeres Bedürfnis nach Freundschaften von Frau zu Frau und von Mann zu Mann festgestellt. Vielleicht finden wir uns wieder mit Freunden zusammen, die wir seit Jahren aus den Augen verloren haben. Vielleicht schließen wir neue Freundschaften.

In alten Mythen, vor allem den babylonischen und griechischen finden wir viele Beispiele von gleichgeschlechtlichem Eros. Sogar Zeus, der doch seine Gattin Hera mit vielen anderen Göttinnen, Nymphen und Menschenfrauen betrog, liebte zwei Jünglinge: Ganymed und Phaeneon. Ich vermute, daß die griechischen Mythen ungefähr die gleiche Proportion von gegen- und gleichgeschlechtlichen Beziehungen wie die durchschnittliche menschliche Psyche an gegen- und gleichgeschlechtlichen Anteilen aufweisen. Der Grund für die offene Homoerotik in den griechischen Mythen liegt nicht in einer Minderbewertung der Heteroerotik, wie manchmal behauptet wird, denn keine Mythen sind reicher an gegengeschlechtlichen Beziehungsmustern als die griechischen. Das Gegenteil wäre eher richtig: Weil die griechischen Mythen die gleichgeschlechtliche Liebe nicht tabuisieren, fehlt auch der gegengeschlechtlichen Liebe die Zwanghaftigkeit und Verklemmtheit.

Dies läßt sich auch in unserer Zeit beobachten. Ein Heterosexueller, der auch herzliche Freundschaften zu Gleichgeschlechtlichen hat und homosexuelle Phantasien nicht mit Angst abwehrt, ist in der Hingabe an seinen gegengeschlechtlichen Partner einfühlsamer, phantasiereicher, zärtlicher, lebhafter. Wer jedoch die früheren Freundschaften mit Gleichgeschlechtlichen aufgibt und angenehme Gefühle nur zwischen

Mann und Frau zuläßt, dessen Eros erlahmt mit der Zeit auch in der Gegengeschlechtlichkeit.

Die Verdrängung der Homosexualität bewirkt die Unterdrückung des »Weiblichen« im Manne: des Gemüts, des Einfühlungsvermögens, der inneren Stärke, sowie des »Männlichen« in der Frau: des Durchsetzungsvermögens und der Selbstbehauptung im Beruf und überhaupt in der Öffentlichkeit. Dies ist nicht verwunderlich, denn in gleichgeschlechtlichen Freundschaften ist die Rollenverteilung nicht geschlechtsspezifisch wie in gegengeschlechtlichen Beziehungen. Wir beobachten zum Beispiel, daß eine Frau zusammen mit einer anderen Frau Initiativen entwickelt, die sie in der Ehe ihrem Manne überläßt, und daß ein Mann zusammen mit einem andern Mann besser zuhören und aufnehmen kann als zusammen mit einer Frau. Die Fixierung an kulturell bedingte geschlechtsspezifische Verhaltensweisen wird in gleichgeschlechtlichen Beziehungen gelockert. Dies ist wohl auch ein Grund für die Faszination, die homosexuelle Frauen und Männer auf die heutige Gesellschaft ausüben, die sich in den alten Rollenverteilungen totgelaufen hat. Im Spiegelbild des Homosexuellen kann auch der Heterosexuelle die Möglichkeit sehen, eigene gegengeschlechtliche Anteile mitleben zu lassen. Umgekehrt bedeuten Angst und Abscheu vor dem Homosexuellen auch Angst und Abscheu vor der eigenen seelischen Gegengeschlechtlichkeit: vor der Frau im Mann und vor dem Mann in der Frau. Der Homosexuelle ist Zeichen für die Auflösung der geschlechtsspezifischen Rollenfixierungen. Er erfüllt damit seit jeher eine wertvolle, unersetzbare Aufgabe in der Gesellschaft. Der Schamane, der in seiner Amtsausübung Frauenkleider trug und homosexuelle Kontakte pflegte, hatte Zugang zu Dämonen und Geistern. Er war Zeuge eines umfassenderen Menschseins.

Die erotische Grundhaltung ist nur echt, wenn sie auch Menschen des gleichen Geschlechts einschließt. Eine wirkliche erotische Ausstrahlung erreicht mit ihrer wärmenden, belebenden und ermutigenden Kraft Frauen und Männer.

In den letzten Jahrzehnten ging eine ganze Kultur der gleichgeschlechtlichen Freundschaft verloren. Deren letzte Höhepunkte lagen in der Romantik und der deutschen Wandervogelbewegung. Bücher wie ›Der große Kamerad‹ von Henri Alain-

Fournier und ›Der kleine Prinz‹ von Antoine de Saint-Exupéry werden seit langem nicht mehr geschrieben. Ist dafür der gegengeschlechtliche Eros etwa stärker und reicher geworden, wie es die anti-homosexuelle Ideologie haben möchte? Keineswegs. Auch er verkümmert im gleichen Maße wie die Freundschaft von Frau zu Frau und von Mann zu Mann. Eros kann die Menschheit nicht in zwei Hälften teilen, denn sein Wesen ist Hingabe und Einswerdung.

Wie arm würde die Menschheitsgeschichte, wenn die Homosexuellen aus ihren Annalen gestrichen würden! Platons Gleichnis der beiden Kugelhälften zur Beschreibung der gegenseitigen Anziehung zweier Menschen mit dem Ziel, etwas »Rundes«, Ganzes zu werden, würde es nicht geben. Weder die Malereien in der Sixtinischen Kapelle noch die Mona Lisa würden existieren, denn die Künstler, die sie geschaffen haben, heißen Michelangelo und Leonardo da Vinci. Homosexuelle Künstler stellen die Verbindung von Männlichem und Weiblichem im Individuum in packender Deutlichkeit dar. Die von ihnen gezeigten Männer sind zwar durchaus männlich und die Frauen durchaus weiblich, aber diese Figuren strahlen alle ein Geheimnis aus: die Sprengung der geschlechtsspezifischen Umgrenzung. Die Kehrseite davon ist die seelische Zerrissenheit. In unserer Zeit spiegelten homosexuelle Künstler wie Pasolini und Fassbinder in unverkennbarer Direktheit die durch widersprüchliche Strebungen zerrissene Seele jedes Menschen, sei er heterosexuell oder homosexuell.

Es geht mir nicht darum, den gleichgeschlechtlichen Eros zur Ursache der Genialität dieser und anderer Künstler zu erklären und dem Gegenteil des Irrtums zu verfallen, Homosexualität in die Nähe von Pathologie und Verbrechen zu rücken. Homosexualität ist genausowenig wie Heterosexualität Ursache von Genialität. Doch leisten Homosexuelle einen spezifischen Beitrag zur Aufhellung des Menschlichen. Wir können aus keinem Homosexuellen die Homosexualität einfach ausklammern. Dies wäre eine ähnliche Verschleierung einer bedeutsamen Aussage wie in der Sixtinischen Kapelle, wo nach dem Tode Michelangelos die Geschlechtsteile der dargestellten menschlichen Figuren mit wehenden Schleiern verhüllt wurden. Die Persönlichkeit des Homosexuellen ist in allen Lebensbereichen von der Homosexualität geprägt. Sie auszuklammern hieße, diesen Menschen in dem ihm eigenen Eros, das heißt in dem ihm eigenen Bezug zur Welt und zu seiner Seele völlig mißzuverstehen.

Es hieße auch, daß der Heterosexuelle die Chance verpaßt, in der Leitbildspiegelung mit dem Homosexuellen die eigene, mann-weibliche Ganzheit wahrzunehmen. Darüber hinaus ist der Homosexuelle ganz allgemein ein Bild unseres eigenen Andersseins. Gerade dieses Anderssein des Homosexuellen erzeugt ja im Heterosexuellen – und auch im Homosexuellen selber – Angst. Die Erfahrung des Andersseins ist die Erfahrung der eigenen unverwechselbaren Identität. In jedem Menschen gibt es etwas Unangepaßtes, der Norm Widersprechendes, Fremdes und anderes. Und gerade dieses ist das Erkennungszeichen des eigenen individuellen Selbst. Die Überwindung der Abwehr der Homosexualität bedeutet gleichzeitig Mut zum eigenen Anderssein, Mut, ein einzelner zu sein, und zwar in allen Bereichen, nicht nur im Sexuellen. Jeder Mensch, nicht nur der Homosexuelle, leidet darunter, in seinem Fühlen letztlich anders als die anderen zu sein. Dieses Leiden durch platte Anpassung an die Norm zu verleugnen hätte zur Folge, daß der eigene Leidensweg zum Selbst verpaßt würde und die Lust am Menschsein verlorenginge.

Das offene Nein in der Liebe

Abgrenzung

Liebe zielt auf Überwindung der Trennung und auf Vereinigung. Damit steht sie im Dienste des Lebens. Liebe ist Lebensenergie, denn aus der Vereinigung, die sie sucht, entsteht Leben. Aus der Verbindung von Frau und Mann wächst in die Welt hinaus das Kind – und in die Seele jedes einzelnen hinein der gewandelte Mensch, der die Gegensätze von Frau und Mann in der bipolaren Selbst-Erfahrung überwindet. Das Leben strömt nicht, solange das Ich in seiner Isolierung gefangen bleibt. Das Ich muß seine Entmachtung nach außen durch das Du und nach innen durch das Selbst suchen, um neu geboren zu werden.

Wie ich im ersten Teil dargelegt habe, beeinträchtigen zwei Extreme – oft bis zur Zerstörung – sowohl die Liebe als auch die Selbstverwirklichung: erstens die Verschmelzung und zweitens die Abwehr. Sie treten immer zusammen auf.

In der Verschmelzung macht das Ich einen Kurzschluß: Es verliert sich in einem anderen Menschen und im eigenen Unbewußten. Wer sich mit seiner Umwelt identifiziert und ihr sein Ich opfert, meint zum Leben ja zu sagen. In Tat und Wahrheit aber sagt er nein, nicht nur zu sich selber, indem er sich aufgibt, sondern auch zur Umwelt, weil er sich an dieser für seinen Ich-Verlust schließlich rächen wird. Dies ist das zweite Extrem, das die Liebe zerstört: Abwehr. Verschmelzung und Abwehr verhindern die bewußte Verarbeitung der Mitteilungen, die wir bekommen. Wir bleiben in der Symbiose oder Ablehnung fixiert und leiden zu Recht unter dem Gefühl der Isolierung. Von diesem versteckten Nein, das den Eros zerstört, war ausführlich die Rede.

Liebe setzt ein Ich voraus, das einen festen Halt in sich selber hat und gleichzeitig für die Hingabe an ein Du offen ist. Das Ich braucht Festigkeit und Durchlässigkeit. Zwischen ihm und der Außenwelt braucht es offene, flexible Grenzen. Das Nein der Abgrenzung muß mit dem Ja der Liebe verbunden werden. Dies zu vermitteln ist mein Anliegen in diesem zweiten Teil.

Wir sollten uns daran gewöhnen, einen Menschen nicht nur

als die »Hälfte eines Paares«, sondern als einzelnen zu sehen und anzusprechen. Auch der Mensch, den ich am meisten liebe, ist nicht nur mein Partner, sondern in erster Linie ein einzelner, der auch ohne mich jemand ist. Die »Paar-Perspektive«, mit der sich vor allem Verheiratete betrachten, lähmt beide und verhindert, daß aus dem »äußeren Paar« auch ein »inneres Paar« in jedem der beiden wird: eine seelische Ganzheit. Der Zwang, ein Paar zu sein, macht aus zwei Menschen schließlich eine bloße Interessengemeinschaft. In jedem Zusammenleben ist von Zeit zu Zeit ein Strich unter die Illusion der vielen vermeintlichen Gemeinsamkeiten zu setzen, auf die wir so gerne um der Nestwärme willen pochen. Meist zieht das Leben – Streit, Enttäuschung, Untreue – unwillkürlich diesen Strich; dann müssen wir ihn mit unserem Einverständnis nachziehen. Die wohlig langweilige Beteuerung »Wir gehören doch zusammen!« ist jetzt dementiert. Wir gehören nicht zusammen und sind trotzdem zusammen, ein Paradox, das eine realistische Spannung entstehen läßt und uns wieder in die Ungewißheit wirft, die zu allem Lebendigen gehört. Jetzt wundern wir uns wieder übereinander und lernen uns in dieser Verwunderung wieder lieben – vielleicht. Es gibt mehr langweilige als konfliktreiche Paare, die geschieden werden.

Verheiratete sollten sich ab und zu vorstellen, einfach zusammenzuleben, ohne durch die Institution der Ehe und durch Kinder gebunden zu sein, und sich dann, als wäre es das erste Mal, die Frage zu stellen: »Will ich diesen Menschen eigentlich heiraten?«

Ich habe die Leitbildspiegelung als den Weg bezeichnet, im Du das Selbst, das heißt neue, reichere Lebensmöglichkeiten zu entdecken. Dieser Weg ist auch im glücklichsten Fall nicht kontinuierlich. Er besteht streckenweise aus einzelnen Sprüngen, zwischen denen die Liebenden an Ort und Stelle treten. Die Sprünge haben immer Überraschungseffekt. Sie geschehen in den unerwartetsten Momenten, wenn ich mich schon mit der völligen Fremdheit des andern und mit unserer Blockierung abgefunden habe. Dann allerdings, wenn aus einem Wort oder einer Handlung des Du auf einmal etwas unerhört Wichtiges und Wesentliches für mich aufleuchtet und mir dabei einleuchtet, was zu verstehen ich mich in meiner Begrenztheit lange bemüht habe, dann gilt es, dieses Leitbild der eigenen verborgenen Seele genau ins Auge zu fassen und ins Innere zu tragen, damit es aus mir heraus zur Gestalt wird. Ein solcher Sprung beinhaltet immer das Nein zum alten Ich, zum bisherigen Welt- und Lebensgefühl. Deshalb drückt unsere Sprache den Überraschungseffekt oft mit Ausrufen aus, die Verneinungen sind, wie »unglaublich«, »unerhört«, »unwahrscheinlich« oder einfach »nein!«.

Dazu ein Beispiel: Ein Architekt, der zwar vernünftige, aber doch etwas starre Ansichten hat, kommt nicht zurecht mit einem Mitarbeiter, der ebenfalls Architekt ist. Beim gemeinsamen Ausarbeiten von Projekten kommt es oft zu unüberwindbaren Meinungsverschiedenheiten, die die Zusammenarbeit gefährden. Dieser Architekt nun, dessen Ehe ebenfalls seit einiger Zeit stagniert, kommt eines Abends nach Hause. Seine Frau ist am Telefon, und er folgt dem Gespräch, zuerst abwesend, dann auf einmal verwundert und aufmerksam. Seine Frau, die Lehrerin ist, unterhält sich mit einem Kollegen über die Frage, ob ein bestimmter Schüler versetzt werden soll oder nicht. Seine Frau befürwortet dies, der Kollege lehnt ab. Der Architekt realisiert, wie seine Frau mit nicht gespielter Wärme alle Argumente ihres Kollegen annimmt, in deren Erwägung ruhig verweilt, so daß der Eindruck entsteht, sie teile die Ansicht des andern Lehrers. Dann aber vollzieht sie auf einmal eine Umpolung, indem sie die gleichen Argumente neu und positiv bewertet. Dies bewirkt im Kollegen Umdenken und schließlich Zustimmung.

Wohlverstanden: Der Architekt bekam beim Zuhören nicht in erster Linie eine gute Methode zur Gesprächsführung mit, sondern eine innere, wesentliche Eigenart seiner Frau. Mit Erstaunen und Dankbarkeit nahm er diese neu wahr, und zum ersten Male seit mehreren Monaten geriet sein Eros in Bewegung. Aus einer inneren Regung umarmte er nach Beendigung des Anrufs seine Frau. Der Sprung in eine tiefere Beziehung war gelungen.

Gleichzeitig gelang der Sprung in eine neue Phase seiner Entwicklung. Am nächsten Morgen konnte er sich zum ersten Male mit seinem Mitarbeiter verständigen. Er hatte ein bestimmtes Bild seiner Frau in sich aufgenommen und integriert. Jetzt lebte es aus ihm. Dies ist ein deutliches Beispiel für eine Leitbildspiegelung.

Die polare Spannung zwischen Liebenden wird durch eine Leitbildspiegelung nicht geringer; im Gegenteil, sie wird dadurch erlebbar. Eigenschaften, die wir erst zu später Stunde in unserem Leben entwickeln, haben nie die Stabilität und Selbstverständlichkeit der Eigenschaften, die unsere Persönlichkeit seit Kindheit und Jugend prägen. Um die neuen Möglichkeiten zu bewahren und zu entfalten, sind wir weiterhin auf Leitbildspiegelung angewiesen.

Es ist nie sicher, ob eine bestimmte Leitbildspiegelung mit dem Partner nicht die letzte sein wird. Wir haben keine Garantie, daß der andere je wieder für uns aus seiner Fremdheit heraustreten wird. Es bleibt uns dann noch die Möglichkeit, uns diesem Unbekannten trotz seinem Anderssein hinzugeben, ein Geheimnis zu lieben, obwohl es sich uns nicht erschließt, in der Hoffnung, daß eines Tages wieder eine Brücke sichtbar wird. So kann sich eine neue Leitbildspiegelung vorbereiten. Das Du ist praktisch ebenso unausschöpfbar wie das Selbst, doch gibt es Phasen, in denen der Zugang sowohl zum einen als auch zum anderen verschlossen ist und der Glaube an einen neuen Durchbruch nur aus der Erinnerung an vergangene »Fastenzeiten« und darauf folgende »Ostertage« genährt wird.

Außerdem wird die Liebe oft gerade durch die rätselhaftesten Eigenschaften im Du entzündet. Ein Mann wird vielleicht trotz aller Psychologie nie ganz begreifen, warum er gerade diese Amazone liebt, für die Beruf und gesellschaftliche Kontakte wichtiger sind als die erotische Bindung. Wenn wir mit solchen Fragen nicht mehr weiterkommen, ist es klug, sie eine Zeitlang nicht mehr zu stellen und uns mit unserer Liebe abzufinden. Das Verkehrteste, das wir tun können, wäre, den Partner durch Unterdrückung so lange zu bekehren, bis wir ihn »verstehen«. Wir würden damit das Nein der durch das Sosein des anderen gegebenen Abgrenzung verleugnen und damit auch die Möglichkeit, mit diesem Nein in eine paradoxe Beziehung zu treten. Nicht nur das Du, sondern auch die eigene unbewußte Seele ist in ihrem wertvollsten Teil ein Nein zum Ich.

Lernen wir also, uns zu freuen über das Unerfreuliche, zu suchen das Unauffindbare, zu lieben das von uns Getrennte. Das kleine Ich muß großzügiger werden bis an die Grenze der Verrücktheit.

Auch anderen Menschen als dem Lebenspartner werden wir nicht gerecht, wenn wir sie bloß unter der »Paarperspektive«, gar »Ehepaarperspektive« betrachten. Wir haben die Neigung, Menschen zu pathologisieren, die nicht in die Welt der Ehepaare und deren Kinder passen. Warum sollte zum Beispiel nicht für jemanden die Geschwisterbeziehung die wichtigste und wertvollste sein dürfen, ohne daß er das Verdikt des ungelebten Lebens riskiert und aus Angst vor diesem sich lustlos dem Ehezwang fügt? Warum wird hinter dem Rücken einer erfolgreichen Geschäftsfrau altklug gemunkelt, »die mache das bloß«, weil sie keinen Mann gefunden habe? Vielleicht verstand es diese Frau, die ihr gemäße Abgrenzung zu ziehen, die für ihren Lebensweg fundamentaler als eine Eheschließung war. Und warum in einem zölibatären Ordensmann das bedauernswerte Opfer der kirchlichen Disziplin sehen? Vielleicht entsprach das Leben unter Mitbrüdern wirklich seiner inneren Berufung. Für »aufgeklärte« Menschen unserer Zeit übt die Neurosenlehre einen ähnlichen sozialen Druck aus wie die Zehn Gebote für weniger »Aufgeklärte«. Psychologie hat leider für viele mehr normativen als analytischen Charakter. Dann lieber die Zehn Gebote.

Auch wer seinen Eros in keiner abgesicherten Institution und vielleicht nicht einmal in einer sexuellen Beziehung lebt, hüte sich davor, sich als krank deklarieren zu lassen und krank zu werden. Staunend nehmen Männer heute zur Kenntnis, daß es Frauen gibt, die wohl Mutter, aber nicht Partnerin in einer festen erotischen Beziehung sein wollen. Mit welchem Recht wird behauptet, daß solche Frauen »das Wichtigste« im Menschen, nämlich die Beziehung zwischen Frau und Mann, verkümmern lassen? Was wissen wir denn vom wichtigsten individuellen Lebensanliegen einer solchen Frau?

Eros ist Respekt auch vor den uns unverständlichen Abgrenzungen anderer Menschen. Dank der erotischen Grundhaltung erleben wir die menschliche Gesellschaft als eine Gemeinschaft, aber nicht auf bequem harmonisierende Weise, sondern im Paradox der unverständlichsten Widersprüche. In dieser Beziehung ist Eros Glaube: Trotz aller offensichtlichen Grenzen spürt der Liebende Einheit. Neben der Vielfalt der Pflanzen- und Tierwelt gibt es auch die Vielfalt menschlicher Ausprägungen in den Individuen. Je verschiedener diese sind, desto reicher ist die menschliche Gemeinschaft als Ganzes. Die Vielfalt der verschiedenen Menschen spiegelt und offenbart die potentielle Vielfalt jedes einzelnen Individuums. Deshalb haben wir auch ein persönliches Interesse, daß die Menschen nicht nivelliert werden.

Das psychologische Vokabular zur Charakterisierung von Menschen ist leider in die Alltagssprache eingegangen: Der Ausgelassene wird zum Hysteriker, der Traurige zum Depressiven, der Nachdenkliche zum Schizoiden, der Eitle und Selbstgefällige zum Narziß, der Gewissenhafte zum Zwanghaften, der Gehetzte zum Paranoiden stigmatisiert. Auch aus diesem Grund verzichte ich in diesem Buch soweit wie möglich auf eine psychologische Fachsprache. Wenn ein einzelner nein zur Umwelt sagt und seiner Eigenart oder momentanen Verfassung nachleben will, wird er oft durch ein aus der Neurosenlehre abgeleitetes Werturteil in seinem Drang nach Eigenem gebremst. Die alten Moralsysteme verzichteten wenigstens auf wissenschaftliche Tarnung, wenn sie den einzelnen disziplinierten. Die Ehrfurcht vor den Abgrenzungen der anderen fängt bei der Überwachung der Worte an, mit denen wir Menschen charakterisieren.

Jederzeit die »ganze Wahrheit« des Menschen zu wollen ist unwahrhaftig. Unter dem Vorwand eines abgerundeten Menschenbildes sperrt man sich nämlich gegen gesellschaftliche Entwicklungen, die, wie alle Entwicklungen, nur einseitig beginnen können. Wir dürfen nur dann von Neurose sprechen, wenn ein Mensch im Konflikt zwischen zwei etwa gleich starken widersprüchlichen inneren Strebungen über längere Zeit blockiert bleibt. Daher ist es falsch, schöpferische Menschen als neurotisch zu bezeichnen. Ihr Leben hat ein kräftiges Gefälle, wenn auch »nur« in einem Bereich, zum Beispiel in der Musik.

Das Andere und Eigene in einem Menschen ist natürlich nicht mit der Rolle zu verwechseln, die er in Abgrenzung zur Rolle des Partners in einer Beziehung spielt. Die natürlichen Grenzen zwischen Ich und Du haben wenig mit Rollenverteilung zu tun. Es gibt auch Rollen, die niemand mehr übernehmen sollte. Es ist zum Beispiel keineswegs wünschenswert, daß sich Frauen ebenso von ihrem Beruf auffressen lassen wie viele

Männer. Nun ist dies bei Frauen, die unter einem männlichen Chef arbeiten, kaum zu vermeiden. Deshalb müssen sich Frauen vielleicht wirklich daran machen, in dieser Übergangszeit unserer Zivilisation weibliche Betriebe und »weibliche Institutionen« zu schaffen, um weibliche Alternativen zur männlichen Arbeitswelt zu leben und sichtbar werden zu lassen.

Echte Abgrenzungen führen ins Unbekannte. Wenn beispielsweise eine Frau, die für ihren Mann jeden Abend um die gleiche Zeit gekocht hat, an einem Nachmittag einfach weggeht, ihren Mann »versetzt« und erst gegen Mitternacht ohne Erklärungen nach Hause kommt, signalisiert sie damit nicht nur ihren Wunsch nach einer Neuverteilung der Rollen, also nach einem Mann, der auch einmal im Haus arbeitet, so daß sie ihren früheren Beruf wieder aufnehmen kann, sondern eine für den Mann – und auch für sich selber – rätselhafte und beunruhigende Abkehr vom Geist des ganzen bisherigen jahrzehntelangen Zusammenlebens und die Ahnung einer neuen, notwendigen, schwierigen Freiheit.

Gerade dieses Beispiel zeigt, daß kein vernünftiges Gespräch, keine gegenseitige Rücksichtnahme, keine durch Jahre geübte Fähigkeit, aufeinander einzugehen, die für beide schmerzliche Notwendigkeit erübrigt, sich vielleicht einmal oder mehrere Male gegen alle Regeln der Höflichkeit und der Rücksicht vom andern abzugrenzen und dadurch eine symbolische Tat zu setzen, an deren Verständnis die beiden viele Jahre lang herumrätseln werden. Gerade weil in solchen schlimmsten Stunden alles vorbei zu sein scheint, kann alles wieder neu anfangen, doch nur vielleicht.

Wer so den Partner allein gelassen hat oder von ihm allein gelassen wurde, hat etwas Vergessenes neu erfahren, nämlich den Wert und die Notwendigkeit, allein zu sein. Nur der in seinem Herzen Einsame kann lieben. Nur wer sich schmerzlich im innersten Kern vom andern verschieden und deshalb ohne des andern Beistand fühlt, ist zum Eros fähig. Ein Hansdampf in allen Gassen kann nicht lieben, weil er eben in allen Gassen, nur nicht bei sich selber zu Hause ist. Nicht in erster Linie Sexualnot suggeriert dem Eremiten in der Wüste glühende Liebesphantasien, sondern die höllische Qual des Getrenntseins und der Einsamkeit. Wer seines Partners zu sicher ist, kann ihn nicht mehr lieben, denn in seiner Sicherheit übersieht er den Abgrund, der ihn vom andern trennt. Das Bewußtsein der Fremdheit schafft die seelische Voraussetzung zur Liebe. Dies ist der Grund, warum die Liebe in vielen Ehen so schnell erstickt: weil ihr der Sauerstoff der Freiheit, Autonomie, Ungewißheit und Einsamkeit ausgeht. Der Sinn der Ehe als Institution sollte nicht weiter als in den Aufgaben des Alltags, wie Arbeitsteilung und Erleichterung der Kindererziehung, gesucht werden.

Es ist wichtig, daß Liebende von Zeit zu Zeit jeder für sich allein sein können. Auch wenn Kinder da sind, müssen Phasen des Alleinseins für beide organisiert werden. Es gibt Probleme, mit denen ein Mensch allein fertig werden muß. Wenn jedoch beide fast ständig zusammen sind, besteht die Gefahr, daß Probleme wie auf der Bühne in der stets gleichen Rollenverteilung durchgespielt, statt im stillen Nachdenken und Neuerwägen ihrer Lösung nähergeführt werden. Mythische Kämpfe sollten nicht mit dem Partner, sondern in inneren Auseinandersetzungen durchgefochten werden. Unter mythischen Kämpfen verstehe ich Auseinandersetzungen zwischen divergierenden Persönlichkeitsanteilen im gleichen Menschen, wie sie in den Mythen dargestellt werden. Der Held vertritt das Ich, die anderen Figuren Inneres und Unbewußtes.

So bekämpfte der griechische Held Perseus die angsteinflößende Medusa, die riesige Zähne, eine gebleckte Zunge und Schlangen statt Haare hatte. Wer immer sie direkt anschaute, versteinerte. Perseus schützte sich vor der Versteinerung, indem er sie nur durch einen Spiegel ins Auge faßte und ihr so den Kopf abschlagen konnte. Die Medusa verkörpert all das, was das Ich aus dem eigenen Unbewußten überwältigen kann: überstarke Emotionen, Triebhaftigkeit, Distanzlosigkeit, Passivität anstelle der aktiven Hingabe, Verantwortungslosigkeit, Kindseinwollen. Wer ihr erliegt, versteinert, das heißt verliert seine Beweglichkeit und Entwicklungsmöglichkeiten. Perseus wehrt ihren direkten Einfluß mit einem Spiegel ab. Wie durch die Vermittlung eines Spiegels das Licht gebrochen wird, so wird auch die Medusa entmachtet. Perseus kann die Medusa köpfen, sie ihrer gefährlichen Autonomie berauben, weil er sie scharf ins Auge faßt, ohne sich ihrem Einfluß auszuliefern: Er hat die seelische Distanz, die es braucht, um monströsen Problemen auf den Leib zu rücken.

Auch Objekte der Außenwelt verlieren ihre Bedrohlichkeit, wenn wir sie als Spiegelbilder eigener Teilpersönlichkeiten entlarven. Wenn ich mich durch einen andern Menschen vollständig gelähmt, versteinert, aller Eigeninitiative beraubt fühle, wenn ich diesen Menschen nicht anschauen kann, ohne meine Kraft zu verlieren, dann hat dies in erster Linie mit meiner eigenen Medusa zu tun, die ich auf ihn projiziere. Jetzt gilt es, den Spiegel der Wahrnehmung als Waffe gegen die Überwältigung einzusetzen. Was sehe ich in diesem Spiegel? Vielleicht eine Mutter, die mich entwertet, keinen guten Faden an mir läßt, mir den guten Kern abspricht, eine Mutter, die in mir selber ist, genährt durch ein Erinnerungsbild. Fasse ich sie scharf genug ins Auge, zerfließt sie wie ein Gespenst im Morgengrauen, und ich bin stärker geworden: ein Mensch auch mit fürsorglichen mütterlichen Zügen.

Viele Ehepartner erleben sich gegenseitig als Medusa, die lähmt und versteinert. Die Entzauberung geschieht allein durch die Einsicht in die jeweilige Projektion.

Es gibt Phasen, in denen wir uns wie Perseus durch die Medusa eines lähmenden Problems in die Enge getrieben fühlen. Die Versuchung, in Passivität auszuweichen, ist groß. Jetzt heißt es, häufiger allein zu sein. Mythische Kämpfe gehören in die eigene Brust, nicht an den Familientisch. Es wäre ungerecht, aus der eigenen Frau eine Medusa zu machen und sie wie die große verschlingende Mutter stets von neuem zu entmachten. Repressive, autoritäre Männer verwechseln oft ihre Frau mit der Medusa in ihrer Seele. Wer am falschen Ort kämpft, liefert Spiegelgefechte. Auch heute muß sich Perseus in seine innere Einsamkeit zurückziehen, um seinen Spiegel auf das richtige Objekt, die eigene Seele, zu lenken. Diese Abgrenzung ist zwar ein vorübergehendes Nein zum Du, doch ermöglicht sie innere Freiheit und damit schließlich auch wieder die Hingabe ans Du. Oft aber köpfen Männer ihre Frauen und lassen die Medusa in ihrem Inneren ungestört weiter wüten.

Allein sein heißt auch: sich dem Einflußbereich des geliebten Menschen entziehen. Jetzt steigen vielleicht primitive Ängste hoch: Wenn ich mich deiner Macht über mich entziehe, wenn ich deinen magischen Bann über mich rebellisch breche, wenn ich mich nicht mehr wie deine Marionette bewege, dann interessierst du dich nicht mehr für mich und liebst mich nicht mehr. Schon um der Bewußtmachung solcher Ängste willen ist es unumgänglich, sich dem abgrenzenden Alleinsein auszuliefern. Jetzt erst merken wir nämlich, wie passiv abhängig wir noch vom andern sind und wie wenig wir ihn aktiv lieben können. Unsere Passivität macht den anderen zur Medusa. Medusa ist ein Spiegelbild unseres erschreckenden Mangels an Liebe. Die Abgrenzung von ihr, ihre Entmachtung und Tötung durch Einsicht, macht uns zu liebesfähigen Menschen.

Moralisch denkende Menschen sind über ihre ab und zu einschießende Destruktivität beunruhigt. Schuldgefühle plagen sie, weil sie hassen, wo sie lieben sollten, weil sie heimliche Freude am Leid anderer haben, weil sie keineswegs traurig, sondern im Gegenteil fröhlich darüber sind, daß es andern schlecht geht, sogar wenn es sich dabei um den Menschen handelt, den sie am meisten lieben, weil sie sadistische Phantasien und sogar Todeswünsche gegen andere nicht unterdrücken können.

Die Schuldgefühle erzeugen in ihnen ein Erklärungsbedürfnis: Warum bin ich so böse? Wer hat mir diese destruktiven Regungen eingeimpft? Woher kommt dieses Nein, das mir regelmäßig in die Beine läuft und mich und meine Bemühungen um die Mitmenschen stolpern macht? Das Erklärungsbedürfnis fördert die Bereitschaft, jede plausible Theorie der menschlichen Destruktivität mit einem Aha-Erlebnis dankbar aufzunehmen. Die Entspannung hält jedoch nicht lange an, denn die einleuchtende Erklärung hat die bösen Neigungen nicht verringert: So wird nach einer neuen Erklärung gesucht, die einen wieder für eine beschränkte Zeit entlastet.

Die Erklärungen der menschlichen Destruktivität lassen sich auf drei Grundmodelle zurückführen.

Erstens: Die Destruktivität stammt aus dem Triebleben, welches die moralischen Strebungen des Ich bedroht und deshalb von diesem als böse empfunden wird. In diesem Erklärungsmodell ist Destruktivität nicht »heilbar«, weil sie zur Triebstruktur des Menschen gehört.

Zweitens: Destruktive Phantasien und Verhaltensweisen stammen aus traumatischen Erlebnissen in der Kindheit. Ein Kind, das dem Sadismus seiner Erziehungspersonen ausgeliefert war, hat als Erwachsener sadomasochistische Regungen. Gemäß diesem zweiten Erklärungsmodell gäbe es keine bösen Menschen, wenn es keine bösen Erziehungspersonen gäbe.

Drittens: Destruktivität gehört zur leib-seelischen Konstitution der Menschen und aller Lebewesen. Das Leben schafft und zerstört sich stets von neuem. Destruktivität läßt sich nicht aus der Welt schaffen.

Keines dieser drei Grundmodelle zur Erklärung der menschlichen Destruktivität vermag dem von Schuldgefühlen Geplagten zu helfen. Der Grund liegt darin, daß keines eine neue seelische Einstellung zur eigenen Destruktivität anbietet. Es sind Modelle zur momentanen Entlastung, nicht mehr. Sie verändern nichts in uns, am wenigsten die Tatsache der aggressiven, haßerfüllten, sadistischen Impulse.

Nur die Betrachtung der Destruktivität im Zusammenhang mit der Liebe kann weiterhelfen. Ich stelle eine seltsame Behauptung auf: Liebe ist der Sinn der Destruktivität. Oder anders formuliert: Destruktives Verhalten will die seelische Voraussetzung für die Liebe schaffen, und manchmal gelingt dies auch.

In diesem Kapitel soll diese paradoxe Behauptung erklärt werden. Sie setzt wie das dritte Grundmodell voraus, daß Destruktivität etwas Naturgegebenes ist. Sie besagt aber außerdem, daß die Liebe die einzige seelische Haltung ist, die völlig zur Naturtatsache der Destruktivität paßt und ihr einen Sinn gibt. In der Thematik dieses Buches ausgedrückt: Im liebenden Ja erfüllt sich der Sinn des zerstörenden Nein. Dieser Sinnzusammenhang mildert unsere Zerrissenheit zwischen Liebe und Haß, Lebenslust und Todessehnsucht, Gut und Böse, Gott und Teufel. Warum?

Wenden wir uns zur Beantwortung dieser Frage wieder den Protagonisten dieses Buches zu, nämlich den Liebenden. Es gibt Phasen, in denen der Keil des Hasses sie auseinandertreibt, Phasen, in denen ihre Liebe in Haß umschlägt und jeder den andern verletzen, kränken, sogar schlagen möchte, und dies vielleicht auch tut.

Ich spreche hier nicht von Partnern, die sich schon seit langem auseinandergelebt haben, sondern von Liebenden, deren Liebe etwas eingeschlafen ist. Welche Veränderung kann infolge einer solchen Eskalation des Hasses in der Bindung der beiden eintreten? Es ist zunächst wie ein Erwachen. Ein Zustand der Ruhe und Stabilität ist beendet. Sie hatten es schön oder zumindest bequem zusammen und brauchten nicht viel nachzudenken. Ein bißchen träge sind sie geworden, ein bißchen lustlos und langweilig. Das ist jetzt wie zerblasen. Hellwach stehen sie sich gegenüber, und zwischen ihnen ist die Bosheit, mit der sie ihr angenehmes Zusammensein zerstört haben. Von Liebe ist nichts zu spüren. Nur diese Wachheit, die Belebung der seelischen Energie, die Aufmerksamkeit, Bestürzung wie nach einer Naturkatastrophe und Ratlosigkeit. Rasch und scharf überblicken sie die Situation, schätzen den Schaden ab und die Chancen eines neuen Anfangs ein. Ohne es zu merken, sind die beiden aufeinander in einer überaus sensiblen Weise bezogen, nehmen gegenseitig jeden Blick, den Tonfall der Stimme, die Körperhaltung wahr. Ohne es zu wissen und zu wollen, haben sie angefangen, sich aktiv aufeinander einzustellen und wieder, zum ersten Male seit langem, Hingabe zu üben, zu lieben. Der Haß hat sie auseinandergetrieben und zueinander in Beziehung gesetzt. Der Haß hat die Voraussetzung für einen Neubeginn in der Liebe geschaffen.

Warum haben sich die beiden nach ihrem Haßausbruch nicht endgültig voneinander abgewandt? Warum sind solche Aggressionswellen in ihrer Beziehung, von ihnen unbeabsichtigt, zu einem Ritus der Erneuerung in der Liebe geworden? Warum das plötzliche Hellwerden ihres Bewußtseins, der höchstmögliche Grad an Interesse gerade auf dem Höhepunkt ihres Hasses? Wie hat sich schließlich der Haß mit der Hingabe gepaart?

Der Anlaß zur haßerfüllten Auseinandersetzung war wahrscheinlich banal. Vielleicht hat die Frau bloß gesagt: »Du siehst seit Wochen müde aus«, und er, ohne dies selber zu verstehen, hat wutentbrannt geantwortet: »Du kannst am Morgen eine Stunde länger schlafen als ich.« Dann hat ein Wort das andere gegeben, und die beiden haben sich eine halbe Stunde lang verletzt und ihr ganzes bisheriges Leben Stück für Stück demoliert. Aus der Wut wurde Haß, der aus innerstem Herzen kam. Wir könnten natürlich diesen Ausbruch von der problematischen Rollenverteilung beider her verstehen, und das wäre zu einem Teil auch richtig. Doch scheint es, als würden Partner auch bei günstigsten Rollenverhältnissen von Zeit zu Zeit einen Anlaß geradezu suchen, um in Wut und Haß ausbrechen zu können.

Die beiden wollten ihre Trägheit und Bequemlichkeit überwinden und wach werden. Dazu mußten sie wieder zu wildfremden Menschen füreinander werden. Das Fremde erzeugt Haß, weil es das Eigene relativiert und bedroht. Destruktive Regungen entstehen in uns, wenn etwas Fremdes, Übermächtiges auf uns einstürmt, uns aus den gewohnten Bahnen wirft und desorientiert. Wir müssen in der Erklärung noch tiefer gehen: Ein lächerlicher Anlaß hat uns den Partner zu einem Fremden werden lassen. Das Fremde hat uns gepackt, geschüttelt, zerrissen, Ehre und Selbstachtung weggenommen: Es haßt uns. Wir werden wehrlos zerstört. Das Zerstörerische ist das Mächtigere. Es ist zerstörerisch nicht in sich, sondern in bezug auf uns. Destruktivität ist eine Form von Beziehung: Ein Stärkeres dringt in ein Schwächeres ein und zerreißt es von innen.

Und gerade dies ist zwischen den beiden Liebenden geschehen. Für jeden ist der andere der Eindringling, Hasser, Zerstörer – und der Geliebte. Wie erwähnt, spüren sie in der Zeit des Hasses nichts von Liebe. Doch wären sie nicht jetzt noch heimlich Liebende, würden sie sich nach dem Streit verlassen, jeder in seine Fremdheit. Das Gegenteil geschah: Sie waren sich noch nie näher, noch nie aufmerksamer und sensibler aufeinander bezogen. Worauf? Auf den Hassenden, den Zerstörenden, den Fremden, den andern. Er ist das Ziel ihrer jetzigen Hingabe.

Beide beginnen sich auf das einzustellen, was sie zerstört. Denn die Zerstörung hört nicht auf. Im Gegenteil, sie schreitet immer rascher vorwärts. Je intensiver und konzentrierter sich jeder der beiden auf das Du einstellt, desto radikaler wird jeder der beiden in seiner bisherigen Struktur zerstört und aufgelöst. Das Fremde ist nach wie vor fremd, es zerstört weiterhin, aber die Haltung zu diesem Zerstörungswerk hat sich gewandelt. Aus Abwehr ist Hingabe geworden, Hingabe an die eigene Zerstörung, an die Zerstörung des Ich und an dessen Neuschöpfung im Spiegelbild des Du.

Eben das ist Liebe als Sinn des Zerstörerischen im Menschen. Wie könnte Liebe einen neuen Menschen schaffen, wenn sie nicht gleichzeitig Hingabe an die Zerstörung des alten wäre? Vielleicht ist Destruktivität im tiefsten immer Hingabe an ein Wandlungsgeschehen. Wer diesen Zusammenhang nicht kennt, steht allerdings in Gefahr zu zerstören, ohne zu wandeln. Dann hat die Destruktivität ihren Sinn verpaßt.

Kehren wir zurück zu dem von Schuldgefühlen geplagten

moralischen Menschen. Er empfindet Gewissensbisse über seinen Haß. Er ist tatsächlich schuldig, aber nicht, weil er haßt. Seine Schuld ist: Er haßt nicht genug. Er kann sich nicht hingeben an das, was er haßt, an das, was ihn haßt. Sein Mangel ist die Egozentrik. Er gibt die Zügel nicht aus den Händen. Er läßt sich nicht von seinem Haß führen, der ihm doch den Ort seiner Hingabe zeigen möchte, nämlich das Du.

Oft läßt sich auch am Ende eines gemeinsamen Lebens noch kaum sagen, welche für mich offensichtlich wertvollen Eigenschaften im Du mich immer wieder in die Zerstörung des Ich einwilligen ließen und in welcher Hinsicht ich jedesmal tief gewandelt wurde. Vieles, was ich über meine »charakterliche Veränderung unter dem wohltuenden Einfluß des Du« sagen könnte, wären fade Erklärungsversuche, die das Wesentliche verschweigen würden. Doch eines kann ich ohne Zögern sagen: Nirgends erleben wir schließlich diesen Morgenglanz, diese Erfrischung und Belebung, Schöpfungsfreude und Neugeburt stärker als in der Hingabe an die Zerstörung des Ich oder – was das gleiche ist – in der Hingabe an das Du: sein Leben, sein Aufblühen, seine Entfaltung, seine Befreiung, sein Lächeln im unerwarteten Erwachen.

Obschon wir nie mit Bestimmtheit sagen können, was im Partner uns eigentlich zu einem neuen Entwicklungsschritt, also auch zur Zerstörung des alten Ich antreibt, obschon also das mich in die Leitbildspiegelung hinein Lockende stets geheimnisvoll bleibt, muß ich doch versuchen, dieses Geheimnis soweit wie möglich zu lüften. Ist es vielleicht der alltägliche Realitätssinn, der mir fehlt, oder die innere Ruhe, nach der ich mich sehne?

Gerade nach einem haßerfüllten Streit, wie ich ihn geschildert habe, muß jeder zu begreifen suchen, was sich eigentlich in ihm zerstören wollte. War es in mir zum Beispiel die ästhetisierende Unverbindlichkeit, mit der ich mit Menschen und Ideen umgehe? Oder war es meine Gehetztheit?

Stellen wir uns solche Fragen nicht, besteht die Gefahr, daß der Haß zerstörerisch bleibt und nicht in Liebe umschlägt. Zerstörerische Vorstellungen und Handlungen drohen den ganzen Menschen zu erfassen, wenn wir ihren spezifischen Sinn in der gegebenen Situation nicht erfassen. Das Unbewußte ist totalitär. Sind wir von ihm gelenkt, werden wir in allem, was wir denken und tun, totalitär. Wir zerstören dann nicht nur eine bestimmte überalterte, schon längst überfällige Haltung, zum Beispiel die erwähnte jugendliche Unverbindlichkeit, zugunsten einer neuen, der jetzigen Entwicklungsphase angemessenen Haltung, zum Beispiel Treue und Zuverlässigkeit, sondern viel mehr, als uns lieb sein kann, zum Beispiel eine Partnerschaft, deren Potential noch keineswegs ausgeschöpft ist. Zwar ist es ein Zeichen von Lebendigkeit, wenn wir ab und zu in Übergangsphasen unseres Lebens und einer Partnerschaft von unbewußten Emotionen völlig ergriffen werden, auch von zerstörerischen Emotionen. Doch müssen wir dann so bald wie möglich in die Leitbildspiegelung mit dem Partner treten, um herauszufinden, was jetzt neu aus uns heraus leben will. Das Verharren in einer zerstörerischen Emotion ist ebenso unnatürlich wie das genießerische Verweilen in einer ästhetischen Ergriffenheit. Dagegen ist es natürlich, nach dem Sinn der zerstörerischen Emotion zu forschen: Was in mir will sich zerstören und was will aus mir wachsen? Die bloße Ergriffenheit muß zum konkreten Begreifen und zu einem neuen Entwicklungsschritt führen.

In der jetzt bewußten Hingabe an die eigene Zerstörung wandelt sich mein Bild vom Du, das mich zerstört. Es wird liebenswert. Dank meiner aktiven Hingabe wird mein Partner zu einem Menschen, der mir näherkommt und mit dem ich mich verbinden kann. Denn aktive Hingabe bedeutet Einfühlung, bedeutet Du-Werdung. Diese ist das Gegenteil von bloßer Nachahmung. Das Du als Bild meiner Selbst ist ein Symbol: Die bekannten Züge des Partners bringen mich in Kontakt mit unbekannten eigenen Möglichkeiten. Wie schließlich das Du aus mir heraus lebt, hat wenig mehr mit dem realen Partner zu tun. Dieser würde sich nicht in der Art und Weise wiedererkennen, wie ich »ihn« aus mir leben lasse. Die Peinlichkeit, imitiert zu werden, wird ihm also erspart. Leitbildspiegelung geschieht nur mit dem »Bild hinter dem Bild«, nämlich mit dem Partner als Symbolfigur meines Selbst, mit dem seelischen Bild, das ich entdecke, wenn ich das Bild, das der geliebte Mensch mir zuwirft (nicht zurückwirft wie in der Projektion), eintrete. Der Mensch, den ich liebe, ist in der Leitbildspiegelung nicht bloßer

Aufhänger einer Projektion, sondern wesentlich das, was ich in ihm wahrnehme, doch ist er auch keine bloße Fotografie meiner unbewußten Seele, sondern ein spätes Sinnbild dessen, was sich jetzt aus mir herausschälen und Gestalt annehmen möchte. Leitbildspiegelung ist also auch nicht zu verwechseln mit der verbreiteten psychotherapeutischen Technik der Spiegelung. Diese besteht darin, daß der Therapeut den Klienten imitiert – zum Beispiel einen Satz wörtlich nachsagt oder die gleiche Körperhaltung einnimmt wie er –, um ihm in der Spiegelung die Bewußtwerdung dessen, was er tatsächlich sagt und tut, zu ermöglichen, Leitbildspiegelung führt in einen tieferen Bereich, nämlich in den Bereich dessen, was ich noch nicht sage und noch nicht tue, doch was zu sagen und zu tun mir von meiner seelischen Dynamik her jetzt bestimmt ist.

Durch die *bewußte* Hingabe an die Zerstörung wird das Zerstörerische auf jenen Persönlichkeitsbereich eingegrenzt, der tatsächlich zerstört und gewandelt werden muß. Dies ist der einzige vertretbare Umgang mit unserer Destruktivität. Natürlich können wir auch mit dieser Haltung nicht verhindern, daß Atombomben gebaut und vielleicht geworfen werden. Doch soweit es uns möglich ist, sollen wir diese Hingabe üben. Würden Menschen mit starkem Eros die Geschichte der Gesellschaft lenken, so würde das Zerstörerische in der Menschheit aus seiner Isolierung befreit und wieder in seine natürliche Verbindung, zur Liebe und zum Aufbau des Lebens geführt. Ohne solche Menschen jedoch könnte es geschehen, daß das tief im Menschen eingewurzelte Bild des Kreislaufs von totaler Zerstörung und totaler Neuschöpfung nicht als Symbol gedeutet, sondern totalitär ausagiert würde. Statt einer sinnvollen partiellen Zerstörung von alten Verhaltensweisen, wie zum Beispiel der Ausbeutung der Umwelt, die nicht mehr zum heutigen Menschen und seiner Problemlage paßt, könnte es dann zur totalen Zerstörung in einer Weltkatastrophe kommen. Dann würde der indische Gott Shiva, der Schöpfer und Zerstörer, zumindest auf unserer Erde aufhören zu tanzen.

Der natürliche Zusammenhang von Zerstörung und Liebe, wie ich ihn erläutert habe, meint auch nicht, daß wir unsere Zerstörung suchen sollten. Das wäre Masochismus. Was wir suchen sollten ist das Du: seine Fremdheit, sein Anderssein, seine Heimat am andern Ende der Welt. Und doch ist es notwendig, zu wissen, daß die Hingabe an das Du die mehr oder weniger radikale Zerstörung des Ich einschließt. Dieses Wissen nämlich kann unser Zögern und Zaudern in der Hingabe, unsere Vorbehalte und Rückzugsmanöver einschränken. Es ist eine Naturnotwendigkeit, vom Du gefressen zu werden, aber es widerspricht unserem natürlichen Bedürfnis nach Freiheit, es dabei bewenden zu lassen. Wer in seine »Entleerung« einwilligt, kann auf eine neue Fülle hoffen.

Sträuben wir uns also nicht gegen diesen vorübergehenden Ich-Verlust. Sonst schwanken wir endlos unentschieden hin und her zwischen liebender Hingabe an das Du und zerstörerischen Impulsen gegen das Du. Wir riskieren dann, daß die Haßimpulse gegen das Du stärker und totalitärer werden und wir den Weg der Trennung einschlagen.

Ein Mißverständnis muß ausgeräumt werden: Es ist unmöglich, die eigene Destruktivität ganz in der Hingabe an den Partner zu binden. Aber die Einsicht in den Zusammenhang zwischen Ich-Zerstörung und Hingabe an ein Du verhindert, daß das Quantum der nicht in Hingabe gewandelten Destruktivität größer wird, als es unsere Liebe »verdauen« kann.

Der »Stärkere, der sich selber zerstört«, wie ich ihn beschrieben habe, stellt sich außerhalb des lebensbejahenden Zusammenhangs von aktiver Hingabe und Ich-Zerstörung. Anstelle der Hingabe finden wir bei ihm die Gier, die das Du ausbeutet und frißt, also anstelle der Einwilligung in die Zerstörung des Ich die Zerstörung des Du und überhaupt der Umwelt. Dies führt bei ihm zu ungewollter Zerstörung seiner eigenen Persönlichkeit. Die natürliche und sinnvolle Ich-Zerstörung wäre das Aufzehren und Aufbrauchen der eigenen Kräfte im Dienste der Hingabe. Der »Stärkere, der sich selber zerstört«, läßt sich aber in den Strudel einer sich immer fiebriger drehenden Selbstzerstörung hineinziehen, die nicht seiner »inneren Uhr«, seinem natürlichen Rhythmus von Sterben und Werden entspricht. Diese chaotische Zerstörung verschließt ihm den Zugang zu einem sinnvollen Leben, das sich durch die Hingabe in beglückender Weise verzehren würde. Sein Sterben jedoch ist sinnlos. Das Sterben des

»Stärkeren, der sich selber zerstört«, ist das Gegenbild zum Sterben Jesu am Kreuz, das Ausdruck der Hingabe an die eigene Berufung ist.

Das Aufzeigen des natürlichen Zusammenhangs von Liebe und Zerstörung will die Destruktivität keineswegs verharmlosen. Diese bleibt ein grausames Naturgesetz. Das Zerstörerische in uns, das nicht in die Liebe eingebunden ist und nicht zu etwas Konstruktivem, nämlich einem neuen Entwicklungsschritt führt, ist in vielen einzelnen und der menschlichen Gesellschaft erschreckend groß.

Welche Haltung können wir dieser destruktiv bleibenden Destruktivität gegenüber einnehmen? Die reifste Haltung wäre ohne Zweifel, in das trotz aller Anstrengung unvermeidliche Leid mit der gleichen Hingabe einzuwilligen. Diese Hingabe wäre insofern immer noch eine aktive, als wir mit hellwachem Bewußtsein die Zerstörung unser selbst registrieren und ihr damit einen paradoxen Sinn verleihen würden: den Sinn eines bewußten Lebensprozesses. Vielleicht wäre dies sogar der Sinn, den die endgültige Zerstörung der Erde für einige bekommen könnte.

Dies sind keine Spekulationen, die aus einer sich periodisch ausbreitenden Weltuntergangsstimmung kommen, sondern realistische Grenzerfahrungen, in die jeder Mensch einmal oder mehrmals in seinem Leben geraten kann. Wenn jetzt die objektiv nicht begründbare, aber subjektiv notwendige Hingabe an die unvermeidliche Tatsächlichkeit mißlingt, wird Destruktivität letzten Endes zum einzigen Grundgesetz, das die Welt regiert. Dann ist nicht »die Liebe stärker als der Tod«, sondern Tod stärker als Liebe. Von einer wuchernden Krebskrankheit gefressen zu werden oder durch den Verlust des liebsten Menschen die Arme, die umarmen möchten, zu verlieren, oder in einer Atomkatastrophe ausgelöscht zu werden: Die Frage, wieweit wir wach und aktiv oder vielmehr panisch und passiv diesem Zerstörungswerk begegnen werden, falls überhaupt noch eine Begegnung möglich ist, entscheidet schließlich über den Sinn unseres Lebens.

Ähnliches gilt aber auch für den bloßen Alterungsprozeß und das natürliche Wegsterben des Partners. Die Minderung unserer Kräfte und Lebensmöglichkeiten im Älterwerden bekommt nur in der seelischen Hingabe an diesen Prozeß einen Sinn. Seelische Hingabe an den Prozeß des Älterwerdens heißt, die sich mindernden Kräfte bis zum Erlöschen aktiv einzusetzen. So kann der Mensch bis ins Sterben seine Lebendigkeit erfahren. Jetzt wird unser Selbst zu etwas Unzerstörbarem, das der Buddhismus mit einem Diamanten vergleicht. Aus der Zerstörung des Ich wächst die Erfahrung von der Unzerstörbarkeit des Selbst. Auch wenn wir zerstört werden, sind wir unzerstörbar, solange wir unsere Zerstörung in ungeteilter Wachheit wahrnehmen und in ihrer Unvermeidbarkeit bejahen.

In der Beziehung zweier Liebender kristallisiert sich nach und nach die vorherrschende Einstellung – Annahme oder Verweigerung der Ich-Zerstörung – heraus. Entweder gelingt es, auch da noch aufeinander bezogen zu bleiben, wo jeder seine festen Haltungen und Gewohnheiten in Frage gestellt, sich sogar bedroht und gehaßt fühlt, oder es überwiegen der sterile Haß in der Abwehr und die Zerstörung der Liebe selber. Es wächst entweder die Hingabe an das Du und damit an die Minderung des Ich oder die Zerstörung des Du und damit des eigenen Selbst.

Die erotische Beziehung ist der natürliche Ort, wo die Hingabe an das Du und die teilweise Zerstörung des Ich geübt werden kann. Denn nirgends sonst sind sich Partner näher und ferner zugleich. Nirgends sonst verteilen sich Liebe und Haß inniger. Nirgends sonst stehen sich das »Nur-Ich« und das »Nur-Du« unversöhnlicher gegenüber und suchen trotzdem nach einer Verbindung. Die Einstellung zur Hingabe, die ein Mensch durch die erotische Bindung erlangt, prägt seine Beziehung zu Welt und Selbst. Entweder üben wir »Liebe bis zum Tod«, das heißt aktive Hingabe im Sterben des Ich, oder wir sterben vor Liebe«, das heißt, wir begnügen uns zunächst mit dem passiven, süßen Liebesgefühl, hassen später aktiv immer mehr das, was wir einst passiv geliebt haben, ohne es zu wissen.

Wir begegnen manchmal Menschen, die es in einer scheinbar liberalen, in Wahrheit aber zynischen Art bei der Feststellung belassen, Liebe und Haß, Hingabe und Zerstörung seien zwei Grundkräfte, welche die Geschicke des einzelnen und der Welt bestimmen. Einmal herrsche die eine, einmal die andere vor. Dahinein müsse man sich eben fügen. Diese Auffassung dient dazu, die eigene Lieblosigkeit zu tarnen. Sie ist deren Rationalisierung. Sie wird von Menschen vertreten, die andere in brenzligen Situationen zappeln lassen. Sie entspricht dem dritten Grundmodell zur Erklärung der menschlichen Destruktivität, wie ich es bereits zusammengefaßt habe: Destruktivität läßt sich nicht aus der Welt schaffen. Ich teile zwar diese Ansicht. Nur belassse ich es nicht bei dieser Feststellung, sondern frage nach dem Sinn der Destruktivität.

So komme ich zu einem vierten Grundmodell: Destruktivität läßt sich zwar nicht aus der Welt schaffen. Aber sie steht nicht beziehungslos neben den Kräften, die das Leben fördern. Ein Teil der Destruktivität bekommt seinen Sinn in der Hingabe an das Leben. Sie bedeutet die schmerzlich empfundene Trennung von überlebten Ich-Anteilen zugunsten eines Du, das eine noch ungelebte neue Entwicklung wie ein Leitbild spiegelt und dank dieser Spiegelung möglich macht.

Nur dieses vierte Grundmodell erfaßt auch die positive Dynamik, die der menschlichen Destruktivität eigen ist.

Auch der griechische Mythos verbindet Destruktivität und Liebe, indem er Ares, den Gott des Krieges und der Zerstörung, der auf beiden Seiten kämpft, und Aphrodite, die Göttin der Liebe, zu einem Liebespaar macht. Die exakte Deutung dieses Mythos ist nicht die, daß Hingabe und Zerstörung sich im menschlichen Paar und in der Welt widersprechen und gegenseitig aufheben: daß Liebe den Haß und Haß die Liebe auflöst. Denn schließlich sind die beiden ein Liebespaar: In der Liebe sind Liebe und Haß geeint, das heißt, in der Hingabe bekommen sie einen gemeinsamen Sinn. Nicht nur der Sinn der Liebe, sondern auch der Sinn des Hasses liegt in der Hingabe. Nicht nur Aphrodite findet den Sinn ihres Lebens in der Liebe zu Ares, sondern auch Ares den seinen in der Liebe zu Aphrodite. Im Ich zerstört und im Selbst wiedergeboren zu werden ist der Sinn der erotischen Hingabe. Sogar der Masochist bezieht seine Lust an der eigenen Zerstörung aus der unbewußten Sehnsucht nach Wandlung, die allerdings auf dem von ihm verfolgten Weg nicht erfüllbar ist.

Aus den Gegensätzen von Aphrodite und Ares entsteht in unserem Leben eine natürliche Harmonie. Die Tochter von Ares und Aphrodite hieß Harmoneia. Sie muß eine reife Persönlichkeit gewesen sein, denn zusammen mit Kadmos, ihrem Manne, führte sie eine der wenigen Ehen von Sterblichen im griechischen Mythos, die glücklich und ohne irreparable Trennungserfahrung und Schicksalsschläge verlief und mit dem Tod beider Partner im hohen Alter endete. Durch die Hingabe an das Du und durch die entsprechende Einwilligung in die Zerstörung des Ich würden auch wir zu harmonischen Persönlichkeiten. Doch bringt kein Mensch aus Fleisch und Blut eine so vollkommene Vermählung von Aphrodite und Ares zustande wie der »mustergültige« Mythos.

Es paßt zu unserer Zivilisation, deren Werte Tauschwerte sind, daß viele Menschen ihr Einüben in die Liebe auf jenen Bereich beschränken, der widernatürlich auf eine Technik zur Herstellung von Empfindungen reduziert werden kann, nämlich auf die Sexualität. Nun ist es ganz im Gegensatz zu dieser Reduzierung dank der Sexualität auf einmalige und umfassende Weise möglich, körperlich und seelisch Zu-Wendung, Zu-Neigung, Hin-Gabe und Einssein mit dem Partner auszudrücken und das Verströmen der eigenen Kraft in die Mitte des geliebten Menschen als Potenz, das Sich-Hinschenken als Beschenktwerden zu erleben. Doch kann sich die Seele in ähnlicher Weise aus der Sexualität zurückziehen wie etwa aus dem lieblosen, gierigen Essen und Trinken. Es ist für viele Menschen möglich, einen vollständigen Orgasmus zu haben, der den ganzen Körper in Vibration und lustvolle Spannung versetzt und dann in wohlige Entspannung sinken läßt, ohne den Partner zu lieben, zu respektieren und zu fördern. Solche Menschen machen die Liebe in der Sexualität dingfest und verhindern ihre Entfaltung.

Aus der sexuellen Genußfähigkeit zwangsläufig auch seelische Liebesfähigkeit abzuleiten und aus der seelischen Liebesfähigkeit zwangsläufig auch sexuelle Genußfähigkeit, das sind ideologische Vorurteile. Wer den Menschen einseitig von seinem Körper her sieht, tut das eine, wer ihn einseitig von seiner Seele her betrachtet, das andere. Weder sind Leib und Seele voneinander getrennt, noch sind ihre Wechselbeziehungen restlos durchschaubar. Zwar drückt sich das Seelische immer körperlich aus, und der Körper reagiert auf alle seelischen Regungen. Aber eine unbeholfene sexuelle Begegnung kann unter Umständen die Seele besser ausdrücken und stärker ergreifen als der gelungenste Orgasmus. Andererseits können wir mit einem Menschen, der uns gleichgültig ist, vielleicht sehr wohl Sexualität genießen. Zwar entspricht es der natürlichen Dynamik des Menschen, die größtmögliche Einheit von Leib und Seele anzustreben. Aber der Weg dahin ist lang und keineswegs selbstverständlich.

Welchen Druck übt diese Anschauung, daß Liebe und Sexualität identisch seien, gerade auf feinfühlige Menschen aus! Sie werden durch die Zuneigung, die sie empfinden, oft so radikal erschüttert, daß sie sich vielleicht während längerer Zeit sexuell nicht ausdrücken können. Durch ihre übermächtigen Emotionen sind sie in jeder Hinsicht verunsichert, leicht störbar und verletzbar. Wenn sie nun von ihrer Umwelt und vor allem vom Partner, den sie lieben, die irrige Auffassung zu spüren bekommen, daß Sexualität immer und zwangsläufig zur Liebe gehöre und das gelungene oder mißlungene Sexualleben schon nach kurzer Zeit darüber entscheide, ob zwei Menschen zueinander passen oder nicht, ergreifen sie entweder die Flucht nach vorne in eine Sexualität ohne Hingabe, um ihr Selbstwertgefühl zu stärken und den Partner zu halten, oder aber – was häufiger ist – sie ziehen sich zurück in der Meinung, sie seien beziehungs- und liebesunfähig. In beiden Fällen verwechseln sie Sexualität mit Liebe.

Nun beweisen gerade Menschen mit Sexualangst, die sie nicht durch Abstumpfung und Flucht nach vorne überspielen können, daß sie die geschlechtliche Hingabe als ein ganzheitliches, leib-seelisches Sich-füreinander-Öffnen und In-sich-Eindringen betrachten, sonst hätten sie ebensowenig Angst vor der Sexualität wie vor dem Essen und Trinken als bloßer Bedürfnisstillung. Ohne es zu wissen, haben sie also die richtige Auffassung von der Sexualität und beweisen gerade durch ihre Angst eine größere Begabung zur Liebe als andere, die diese Angst nie wahrgenommen haben. Sie sehen nicht nur die erotische Hingabe richtiger, sondern auch die damit verbundenen Schwierigkeiten. Sie überspielen diese Schwierigkeiten nicht in einer abgespaltenen, einseitig auf körperliche Spannung und Entspannung ausgerichteten Sexualität, sondern müssen nun beginnen, sich in den vielfältigen Formen der Hingabe an das Du zu üben, unter anderem auch in der Sexualität.

Das ausschließliche Festmachen des Eros in der Sexualität ist völlig unerotisch. Das Wesen des Eros ist Einswerdung, und zwar in allen Bereichen, wo Menschen sich begegnen. Wir wissen, wie Liebe alle körperlichen, seelischen und geistigen Funktionen des Liebenden verändert. Zum Beispiel wird der Stoffwechsel beschleunigt; die Fähigkeit zu assoziieren, also spontane Verbindungen zwischen verschiedenen geistigen Inhalten herzustellen, wird verbessert; das logische Denken dagegen verschlechtert; alle Emotionen und Gefühle, nicht nur das der Liebe, werden verstärkt.

Dies trifft nicht nur für die erste Phase der Verliebtheit zu, sondern auch für alle Phasen, in denen die Liebe neu belebt wird. Auch ist der Auslöser nicht immer körperlich, etwa die eigene Sexualnot oder eine besondere Attraktivität des Partners im gegebenen Augenblick. Der Aufhänger kann auch seelisch sein: eine intensive Leitbildspiegelung, oder geistig: eine gemeinsame Einsicht. Meist spielen körperliche, seelische und geistige Momente mit.

Durch die erwähnten Veränderungen in Körper, Seele und Geist verbinden wir uns unwillkürlich mit dem geliebten Menschen. Viele Kräfte, nicht bloß die sexuelle Erregung, werden für die Hingabe mobilisiert. Im Eros offenbart sich der Mensch in seiner ganzen Vielfalt. Wiederum: Es wäre ein ideologisches Vorurteil, zu behaupten, alle diese Veränderungen dienten nur der Vorbereitung zum Koitus. Jede Veränderung zeigt einen eigenen Aspekt der erotischen Einswerdung.

Nun gibt es Menschen, und es sind deren mehr, als gemeinhin angenommen wird, die nicht nur eine anfängliche, sondern eine langdauernde, scheinbar unüberwindbare Scheu vor der geschlechtlichen Intimität haben. Es sind keineswegs nur liebesunfähige Menschen. Es ist falsch, Sexualscheu immer mit Liebesunfähigkeit gleichzusetzen. Solche Menschen sehen in der Sexualität eine so intensive Verschmelzung mit einem andern Menschen, daß sie befürchten, sich darin zu verfangen, jedes Gespür für sich selber und die seelische Freiheit zu verlieren. Sie haben eine dunkle Ahnung, daß sie in einer sexuellen Bindung etwas aufgeben würden, das ihren besonderen Wert ausmacht: also gerade das, womit sie den geliebten Menschen beschenken könnten.

Ich wähle dazu das Beispiel einer aktiven und phantasievollen Frau, die in mehreren aufeinanderfolgenden sexuellen Beziehungen jeweils apathisch und stumpf geworden ist. Sie befürchtet, daß dies auch in Zukunft geschehen würde. Nun sind gerade Initiative und Phantasie die Begabung, mit denen sie Menschen lieben und beglücken kann. Um der Erhaltung dieser ihrer Liebesfähigkeit willen verzichtet sie auf intime Beziehungen. Sie betrachtet diese Grenze als ihr persönliches Schicksal, das sie trotz verschiedener therapeutischer Bemühungen nicht ändern konnte.

Solche Menschen kennen sehr wohl das Opfer des Ich in der Hingabe an ein Du. Ihre Schwäche liegt eher darin, daß sie sich in die Liebe hinein verlieren, mit dem Partner verschmelzen und sich ihm unterwerfen. Einige – wie die Frau im obigen Beispiel – haben diese Erfahrung in sexuellen Beziehungen bereits gemacht, andere befürchten sie, manchmal zu Recht, öfters zu Unrecht. Meistens bewirkt nämlich das Sich-fallen-Lassen in die sexuelle Hingabe gerade das Gegenteil von dem, was erwartet und befürchtet wurde, nämlich nicht Schwächung, sondern Stärkung der Eigenständigkeit! Doch gibt es tatsächlich Menschen, die jede Art von Verschmelzung mit andern Menschen meiden müssen, weil der Ich-Verlust bei ihnen etwas gefährlich Endgültiges hat und nicht zu einer Neugeburt in einer stärkeren, durch das Du erweiterten Persönlichkeit führt. Ihrer Hingabe fehlt das wache Bewußtsein. Sie brauchen größere Distanz zu anderen, um ihren Standpunkt behaupten und andere Menschen mit einer klar umgrenzten Persönlichkeit lieben zu können. Um ihrer selbst und ihrer Liebesfähigkeit willen meiden sie Formen der Hingabe, die für sie Identitätsverlust und Verschmelzung bedeuten würde. Oft wählen solche Menschen soziale Berufe, in denen sie Hingabe mit Abgrenzung verbinden können.

Es ist für sie lebensnotwendig, sich als erstes vom gesellschaftlichen Druck zu einer sexuellen Bindung zu lösen. Dabei hilft das Bewußtsein: »Ich habe mit der Wahl meiner Lebensform recht gehabt und brauche vorderhand nichts daran zu ändern.« Des Zwanges zu einer sexuellen Bindung ledig, verlieben sie sich jetzt unter Umständen inniger als je zuvor und willigen sogar in die »Vergewaltigung« ihrer bisherigen Einstellung ein, indem sie eine sexuelle Bindung eingehen. Denn dank ihrer neuen Freiheit sind sie stärker geworden und bereit, sich ganz hinzugeben und doch ihre Selbständigkeit zu bewahren. Dies kann, aber muß nicht geschehen, wenn der Zwang zu einer sexuellen Bindung gelockert ist. Möglicherweise werden sie lange Zeit, vielleicht ein Leben lang, ohne eine sexuelle Bindung leben.

Dem Eros ist es eigen, in verschiedenen Individuen verschiedene Formen der Liebe darzustellen und im Zusammenspiel all dieser Liebesformen die Menschheit als Gemeinschaft augenfällig zu machen. Auch im Eros gibt es viele Berufungen. Waren Jesus, Franz von Assisi und Buddha bedauernswerte, verklemmte und neurotische Menschen, weil sie keine sexuellen Bindungen hatten? Außerdem: Haben nicht wir alle schöpferische Grenzen, notwendige Beschränkungen und »Spezialisierungen«, die gerade das Individuelle in uns offenbaren? Sicher: Ohne sexuelle Bindung ist ein Individuum beschränkt, doch fällt uns seine Beschränkung bloß auf, weil sie nicht die unsrige ist. Am wenigsten bemerken wir solche Beschränkungen, die wir mit den meisten Menschen unserer Umgebung teilen.

Menschen, die ihren Eros nicht in einer sexuellen Bindung ausdrücken, sondern in einer »platonischen« Liebesbindung oder in der Hingabe an eine soziale, kulturelle oder religiöse Aufgabe, sind deshalb keineswegs asexuell. Sie haben manchmal im Gegenteil eine starke sexuelle Ausstrahlung. Ihr Körper mobilisiert in den intensiven Phasen der ihnen eigenen Hingabe die gleichen Hormone wie der Körper eines Menschen, der sich auf eine sexuelle Begegnung vorbereitet. Jeder Mensch kann die Erfahrung machen, daß die verschiedensten Formen der Hingabe, etwa in der tätigen Hilfe, im künstlerischen Ausdruck, im engagierten Gespräch und in der Sexualität, in ihm ähnlich belebende Gefühle des strömenden Einsseins hervorrufen, falls es wirklich Hingabe ist, die ihn bewegt, und nicht nur Selbstbestätigung. Nichtsexuelle Ausdrucksformen des Eros sind keine Umwege des Sexualtriebes, sondern authentische Variationen der einen Hingabe. Schließt jemand die sexuelle Bindung ganz aus seinem Leben aus, muß er allerdings eine sehr starke andere Form der Hingabe wählen, die in ihrer Intensität der sexuellen Hingabe mindestens gleich ist. Sonst verknöchert er in seinem Ich.

Es gibt keinen standardisierten »normalen« Entwicklungsweg des Eros. Ich erinnere mich an einen Mann, dessen nichtsexuelle Beziehung zu einer weisen Frau seine Entwicklung zwei Jahrzehnte lang in positiver Weise geprägt hat. Ich erinnere mich auch an eine Frau, die ebenfalls viele Jahre lang eine in geistiger und seelischer Hinsicht fruchtbare Beziehung zu einem bedeutenden, väterlichen Mann hatte. Eine solche Frau darf nicht gleich mit einem »Vaterkomplex« behaftet werden, den sie unbedingt »bearbeiten« sollte, ebensowenig wie ein solcher Mann mit einem »Mutterkomplex«. Solange solche »unorthodoxen« Beziehungen das Leben zum Strömen bringen, verkörpern sie die »gute Richtung«.

Bei besonderen Berufungen des Eros ist es allerdings wichtig, den Kontakt mit anderen Menschen zu pflegen, die ihren Eros in anderen Bindungen, zum Beispiel in einer Familie, leben. Die Bildung von sektiererischen Gruppen und Gettos schwächt den Eros, auch wenn sie eine besondere Ausgestaltung des Eros schützen will. In einem Kloster zum Beispiel, das sich als Getto versteht, wird die mystische Ausprägung des Eros geschwächt. Ebenso verarmt der Eros im homosexuellen Getto. Der gemeinsame Schulterschluß einer Gruppe gegen die »böse Welt« und für die eigene Lebensform läßt den Eros aus der übrigen Welt nicht einfließen, so daß die Liebe im Gruppengetto mit der Zeit verkümmert. Menschen, deren größte Leidenschaft nicht die Liebe zwischen Mann und Frau, sondern etwa eine soziale Aufgabe ist, sollten sich nicht dem Ehezwang fügen, es sei denn, sie können zusammen mit dem Ehepartner diese Leidenschaft leben. So erleben sich zum Beispiel zwei Kulturschaffende im Eros mehr auf ein Drittes, nämlich eine kulturelle Aufgabe, als aufeinander bezogen. Die Ehe ist für sie Verstärkung ihrer gemeinsamen Hingabe an ein Ziel außerhalb ihrer selbst. Nicht solche Menschen, sondern die unzähligen anderen, die eine konventionelle Ehe führen, ohne zur Ehe berufen zu sein, scheitern an ihrem Leben.

Liebesbeziehungen ohne sexuelle Intimität haben alle etwas gemeinsam. Sie sind weder ganz »eindringende« noch ganz »aufnehmende« Beziehungen. Sie sind, um weiterhin in der körperlichen Symbolik zu bleiben, eher Beziehungen der »Reibung«. Die Partner gleichen zwei Körpern, die sich aneinander reiben und dadurch Energie erzeugen. Sie brauchen eine deutlichere Abgrenzung als andere Menschen und meinen, sich die Verschmelzung des Sexualaktes nicht leisten zu können. Ihre optimale Distanz zueinander ist größer als zwischen anderen Liebenden. Die Art und Weise, wie sie sich näher kommen und jeder den anderen wahrnimmt und aufnimmt, gleicht einer »Reibung«. Indem sie sich mit ihrer Außenfläche aneinander reiben, laden sie sich gegenseitig mit Kraft auf. Würden sie sich aber in der Mitte und Tiefe ihrer selbst miteinander einigen, verlören sie vielleicht ihre Eigenart, ohne eine neue zu gewinnen. Um nicht unterzugehen, bringen sie ein Opfer: das Opfer der innigsten Form menschlicher Begegnung, nämlich der sexuellen. Sie schätzen das Ich und seine Autonomie höher ein. In vielen Fällen lohnt sich das Opfer; nach einer Schonzeit sind sie auch zu einer sexuellen Bindung bereit. Diese wird dann fast immer mit einem neuen Partner eingegangen. Der frühere Partner bleibt im günstigen Falle als Freund erhalten und symbolisiert etwas für alle Zukunft Unverzichtbares, nämlich den gegenseitigen Respekt vor dem »Revier« des anderen.

Menschen, die das Opfer ihrer Sexualität bringen, stellen in ihrem Leben auch für andere den Sinn des Opfers überhaupt dar. Jedes sinnvolle Opfer hat die Rettung eines wichtigen Gutes zum Ziel, zum Beispiel die Unversehrtheit des Ich und die Menschenwürde. Um dieses wichtige Gut zu retten, müssen vorübergehend oder auf Dauer andere Güter geopfert werden. Dies hängt damit zusammen, daß kein Mensch uneingeschränkt alles dem Menschen Mögliche verwirklichen kann. Die Fähigkeit zur Integrierung ist begrenzt. Manchmal spüren wir wie eine Mahnung deutlich die Begrenzung unserer Möglichkeiten, sei es in den schwindenden Körperkräften, sei es in der erlahmenden seelischen Spannkraft. Dann wäre es vermessen, vielleicht gar selbstmörderisch, uns blind dem Übermächtigen, dem wir nicht gewachsen sind, auszuliefern. Zwar fällt es schwer, auf ein lockendes Ziel zu verzichten. Doch mit diesem Opfer stellen wir uns in den Dienst eines geduldigen, organischen Wachstums, das den Bogen nicht überspannt. So kann paradoxerweise gerade das Grenzen setzende Opfer am weitesten vorwärtsbringen. Oft wird uns das Geopferte unerwartet geschenkt, weil wir es geopfert haben. Dies kann auch mit dem Verzicht auf eine sexuelle Bindung geschehen. Vielleicht schafft gerade er die Voraussetzung, daß wir zu einer sexuellen Bindung in Freiheit fähig werden.

In allen Kulturen waren Phasen sexueller Enthaltsamkeit institutionalisiert. Im Buddhismus ziehen sich heute noch viele Menschen regelmäßig in Klöster zurück. Menschen, die zeitweilig oder sogar dauernd auf eine sexuelle Bindung verzichten, bezeugen andere Formen der Liebe. Außerdem sind sie ein Zeichen für die Notwendigkeit der Begrenzung in jedem Menschen. Jedes Individuum hat Bereiche, in denen es sich begrenzen muß. Ein Sportler darf sich nicht das Herz aus dem Leibe rennen, sondern muß seine körperlichen Grenzen kennen. Jedes Individuum hat das Opfer eines »grenzenlosen Wachstums« zu bringen, das auch im Seelischen nur in die Zerstörung führen kann. Oft wählen wir ein solches Opfer nicht freiwillig; es wählt uns. Eine seelische Sperre erzwingt das Opfer. Dann heißt es zunächst, den Sinn dieser Grenze zu erfassen und das Opfer, zu dem wir passiv gezwungen wurden, aktiv zu wollen.

Impotente Männer und frigide Frauen wissen oft nicht um den Sinn ihres Mangels an sexuellen Reaktionen. Wahrscheinlich verbinden sie – ohne es zu ahnen – die sexuelle Verschmelzung mit einer anderen Verschmelzung, die sie meiden möchten: eine bestimmte Abhängigkeit vom Partner im Denken und Fühlen. Materiell abhängige Frauen suchen manchmal ihre seelische Autonomie in der Frigidität und Männer mit dem überstarken Bedürfnis nach einer Mutter in der Impotenz. Oft heilt schon die Einsicht in diesen Zusammenhang. Die Unabhängigkeit, die sich bisher bloß im symptomatischen Nein des unfreiwilligen Opfers ausgedrückt hat, will in allen Lebensbereichen gelernt sein. Dann kann die sexuelle Reaktion nach und nach zurückkommen. Der impotente Mann und die frigide Frau brauchen eine bejahende Einstellung zu ihrem Mangel: Das Ausbleiben der sexuellen Reaktion ist nicht etwas Minderwertiges, dessen man sich zu schämen hat, sondern zur Zeit das Wertvollste. In ihr offenbart sich nämlich eine Persönlichkeit, die unbewußt sogar zum Opfer der Sexualität bereit ist, um nicht selber geopfert zu werden. In dieser realistischen Neueinschätzung der sexuellen Impotenz und Frigidität nimmt sich das Ich endlich ernst. Die Freiheit ist in der Tat das höhere Gut als die Fähigkeit zu sexuellen Reaktionen in einer Partnerschaft.

Auch der Partner sollte in dieser Weise das unbewußte Grundanliegen des impotenten oder frigiden Partners zu begreifen versuchen. Er sollte darauf verzichten, ihn zu bedrängen und damit wiederum seine Autonomie in Frage zu stellen. Vielleicht hat er ihn überhaupt zu oft bedrängt. Höchstwahrscheinlich hat er seine Impotenz oder Frigidität mitverursacht.

Von ihm ist jetzt eine Hingabe gefordert, die wirklich das Du meint. Der impotente oder frigide Partner will merken, daß die Liebe des anderen nicht an die Belohnung der sexuellen Lust geknüpft ist.

Es ist gefährlich, eine beginnende Impotenz oder Frigidität als ein Kleinerwerden der Liebe zu deuten. Meist zeigt das Ausbleiben der sexuellen Reaktionen die Notwendigkeit an, sich innerhalb einer Liebesbeziehung klarer abzugrenzen und für einen Eigenbereich zu sorgen, zum Beispiel durch eine Tätigkeit, die ebenso verantwortungsvoll wie die des Partners ist. Ist dieses Anliegen erreicht, beginnt unsere Energie wieder in alle Bereiche zu strömen, auch in die sexuelle Empfindung.

Die beiden Sätze: »Hingabe an das Du setzt einen festen Ich-Standpunkt voraus« und: »Hingabe ist Aufgehen des Ich im Du« bilden einen Widerspruch. Liebe als Spannung in der Polarität zweier Verschiedener und Liebe als Aufhebung dieser Polarität im Einswerden beider: Dies sind nicht nur zwei verschiedene Gesichtspunkte im Nachdenken über die Liebe. Es sind vor allem zwei sich gegenseitig reibende oder »abstoßende« Erfahrungen in der Liebe, die sich nie Ruhe geben: Ja zum Verlust des Ich im Sich-Hineinbegeben in das Du, um von ihm aus zu fühlen und zu denken, und damit Nein zur geizigen Selbstbewahrung und zur Neigung, sich der Welt vorzuenthalten. Und trotzdem: Ja auch zum Eigenen, Verschiedenen, unverwechselbar anderen im Ich und aktives Nein zu Symbiose und Abhängigkeit. Theoretische Erläuterungen können den Unterschied leichter setzen als zwei Liebende in der Liebeserfahrung. Die Liebe treibt zwei Menschen gleichzeitig zusammen und auseinander, eint und zerreißt sie.

Dieser Widerspruch ist nicht aufzulösen, weil wir ganz in ihm drin sind, weil wir selber dieser Widerspruch sind. Es ist letztlich der Widerspruch aller Polaritäten, aus welchen die Welt besteht: Leben und Tod, Liebe und Haß, Entgrenzung und Abgrenzung, Ich und Du, Unbewußtes und Bewußtes, Frau und Mann. Diese Polaritäten sind nicht durch ein entschärfendes »sowohl – als auch«, durch oberflächliche Konzessionen, Angleichungen und »normale« Kompromisse aufzuheben. In der Seele des Menschen gibt es keine Normalität, weil sich die Gegensatzpole nie in einer »normalen Mitte« einpendeln. Die Mitte zwischen den Gegensätzen liegt für jeden Menschen an einem anderen Punkt; es gibt keine allgemein gültige Mitte. Der »durchschnittliche« Mensch existiert nicht. Die Sehnsucht nach dem »normalen Menschen« ist die Sehnsucht nach dem verlorenen Paradies, nach der bewußtseinslosen Vergangenheit, in der die Gegensätze noch nicht wahrgenommen wurden. Das Bedürfnis nach Statistiken und ihrem Idealprodukt, dem »normalen Menschen«, bezieht seine Energie aus der Sehnsucht nach paradiesischer Unbewußtheit. Die Konstruktion des »normalen Menschen« bedeutet die Verweigerung, bewußt, also widersprüchlich zu leben. Auch wir müssen der Versuchung, ein »normales« Menschenbild zu konstruieren, widerstehen, wollen wir dem Sinn des Nein in der Liebe auf die Spur kommen.

Nachdem wir im Kapitel über »Haß und Liebe« dem Paradox der Hingabe an die eigene Zerstörung nachgegangen sind, beschäftigten wir uns im vorigen Kapitel mit der Abgrenzung des Ich als eines Gutes, das dann als höchstes angesetzt werden muß, wenn die Hingabe in den Zusammenbruch der Polaritäten von Ich und Du und der Liebe führen würde. Das zeitweilige Opfer sogar der vollständigsten Möglichkeit, mit einem andern Menschen eins zu werden, nämlich des Koitus, verdeutlichte die Funktion der Abgrenzung. In diesem Kapitel wenden wir uns nun der anderen Seite zu, nicht mehr der Abgrenzung, sondern der Fähigkeit zu Hingabe und »Empfängnis«, also einer traditionell weiblichen Fähigkeit.

Abgrenzung war bisher eher Sache des Mannes als der Frau. Die Frau erlebte ihre Identität stärker im Aufnehmen, Annehmen, Austragen, Erdulden. Ihre Gefahr war – und ist es zum Teil heute noch – die Selbstaufgabe: der Selbstverlust in der Hingabe. Während sie die Abgrenzung lernen muß, hat sich der Mann in der Hingabe zu üben. Doch ist damit noch nicht das Nötigste zur Selbsterfahrung von Mann und Frau gesagt.

Mann und Frau leben beide in einer Welt, die vom Mann geschaffen wurde. In dieser Welt haben die Grenzsetzungen, Konfrontationen, rigiden Ich-Standpunkte einzelner und der Kollektive sowie die Ausbeutung der Natur einen kritischen Grad erreicht. In einer wachsenden Anzahl von Männern nimmt das Gefühl der Hilflosigkeit und Ohnmacht zu. Sie merken, daß ihre Welt, die Welt des Mannes, in eine zunehmend gefährliche Richtung läuft. In der Liebesbeziehung verzichten immer mehr Männer auf das Imponiergehabe des Revierverteidigers. Sie verlieren dadurch auch ihre frühere, künstliche Lebendigkeit, die aus dem Verführen, Erobern und Bezwingen kam. An die Stelle dieser egozentrischen Lebendigkeit ist noch keine neue getreten. Unsicherheit und Rückzug prägen das Verhalten vieler sensibler Männer in unserer Zeit.

Nicht selten gleiten sie schließlich in Apathie, Passivität, Depression und teilen damit die Symptomatik vieler Frauen im Patriarchat. Sie wissen zwar theoretisch, daß sie ein sinnvolles Opfer bringen, indem sie ihre überspannte Männlichkeit aufgeben, aber sie werden ihres Opfers nicht froh. Vielmehr beherrscht sie der Eindruck der Niederlage, zwar nicht der Niederlage unter einem äußeren Gegner, nämlich der Frau, sondern der Niederlage eines Lebensgefühls, das dem Mann seit Jahrtausenden die Macht schenkte: das Lebensgefühl der Überlegenheit, des aggressiven Optimismus, der Expansionslust in allen Bereichen.

In ihrer Not halten Männer Ausschau nach der Frau, nicht mehr, um sie zu unterjochen und im Siegeszug der Männlichkeit die männliche Potenz zu feiern, sondern im Gegenteil, um »am anderen Ende der Welt«, eben bei der Frau, Hinweise auf die »Mitte der Welt«, auf das eigene Selbst zu finden, auch Hinweise, wie sie mit der Natur umgehen sollen: mit der Umwelt und der Innenwelt.

Männer und Frauen sind in dieser Zeitsituation mit verschiedenen Anliegen vor eine gemeinsame Aufgabe gestellt. Das Anliegen des Mannes habe ich erwähnt: Er möchte lernen, die Frau in ihrer anderen Art, an Menschen und Probleme heranzugehen, wahrzunehmen und in sich aufzunehmen. Er möchte also in Leitbildspiegelung mit der Frau treten, das heißt im genauen Hinschauen auf die Frau Eigenes, Unentdecktes, dunkel Geahntes aus sich selber ans Licht des Bewußtseins heben. Die Lage der Frau wird durch solche Bemühungen des Mannes eher schwieriger. Denn sie hat eben erst angefangen, sich in die vom Mann geschaffene Welt einzuleben: in »männliche« Berufe, in Politik und Kultur. In der Zusammenarbeit mit Männern ist sie daran, mit einer Seinsweise vertraut zu werden, die bisher Domäne des Mannes war, nämlich mit der Seinsweise der Abgrenzung. Doch leben heute auch die Frauen in einer Welt, in der die Ehrfurcht vor der Natur, die Relativierung der ideologischen Grenzen, Einfühlung und Einswerdung zur Überlebensaufgabe für alle geworden ist, also in einer Welt, der traditionell frauliche Eigenschaften not tun. So sind sie in eine doppelte Aufgabe gestellt: Einesteils haben sie die von Männern geschaffene Welt mit zu übernehmen und weiterzuentwickeln samt den Werten, die diese Welt prägen, nämlich den Werten des Eindringens und Sich-Auseinandersetzens, des Eroberns und Sich-Abgrenzens, des Be-greifens und De-finierens. Da es sich dabei um Werte handelt, die ebenso zur Frau wie zum Manne passen und nur in den Auswüchsen einer extremen Männergesellschaft zerstörerisch werden, kann die Frau nicht darauf verzichten, diese Werte zu entwickeln. Da sie aber gleichzeitig in einer Welt lebt, die um ihres Überlebens willen auf jene Eigenschaften angewiesen ist, die bisher fast nur Frauen geübt haben, vor allem die ganzheitlichen Fähigkeiten zur Einfühlung und Einpassung in natürliche Rhythmen und Tatsachen, steht sie nun vor der schwierigen Aufgabe, innerhalb männlicher Strukturen, zum Teil auch mit männlichen Methoden weibliche Anliegen durchzusetzen. Insofern muß die Frau weiblicher und männlicher werden.

Wie wirkt sich das neue Selbstverständnis von Frau und Mann auf deren Liebesbindung aus? Zunächst weise ich auf zwei Gefahren hin. Erstens: Frauen und Männer sind versucht, die zum Teil geschichtlich gewachsenen Unterschiede zwischen den Geschlechtern zu überspielen, statt sie zu verarbeiten, und dabei zu farblosen seelischen Zwittern zu werden. Sie verleugnen in diesem Falle die Probleme zwischen Mann und Frau, bagatellisieren sie oder stellen sie als vollendete Tatsachen hin. Blasiertheit und Desinteresse in bezug auf die Verarbeitung der tatsächlichen Partnerprobleme sind nichts anderes als moderner Abwehrzauber, mit dem man sich die Probleme vom Leibe halten will. Wenn zwei Menschen ihre gegensätzlichen Auffassungen nicht äußern und zueinander in Beziehung setzen, ist nicht nur der einzelne, sondern auch die Partnerschaft ein seelischer Hermaphrodit: eine Mißgeburt, in der die Organe quer und sich im Wege stehen. Ich brauche hier die Wörter Zwitter und Hermaphrodit einseitig für die unbewußte Vermischung der geschlechtsspezifischen seelischen Gegensätze im einzelnen Individuum und lasse den andern, ebenso wichtigen Sinn dieser Wörter außer acht, nämlich die bewußte innere Beziehung und Befruchtung von Frau und Mann im einzelnen Individuum, sei dieses männlich oder weiblich. Dumpfe Stagnation breitet sich in solchen Partnerschaften aus. Der verfrühte Rückzug aus den

Konflikten wird altklug begründet: »Wenn es zwischen uns nicht geht, dann passen wir halt nicht zusammen. Wir sind uns einmal begegnet. Jetzt haben wir uns voneinander entfernt. Das ist zwar schade, aber läßt sich nicht ändern.«

Statt auf die frühere Rollenverteilung einigen sich Mann und Frau ohne Worte auf die kleinstmöglichen Gemeinsamkeiten, unter denen Menschen gerade noch zusammenbleiben können, falls sich die Lebenssituation nicht kompliziert. Eine unerwartete Krankheit oder finanzielle Nöte überfordern eine solche Minimalpartnerschaft bereits. Dann fühlen sich beide zusammen ebenso hilflos wie einer für sich allein. Gegenseitige Fürsorge fällt fast ganz weg.

Eine Angleichung der Geschlechter durch Rückzug aus allen Prägungen findet statt, eine Vermischung von Frau und Mann im Minimalkonsens. Der Mann ist nicht mehr so männlich und die Frau nicht mehr so weiblich, wie Männer und Frauen früher waren. Zwar ist dies erfreulich. Doch kommen sich Frau und Mann innerlich nicht näher, wenn sie Auseinandersetzungen über ihre früheren Geschlechterrollen meiden. Diese Nivellierung der Geschlechter entsteht aus der Abwehr der Konflikte. Es gibt allerdings ab und zu besondere Umstände, die sie aus der Reserve locken, wenn sich zum Beispiel der eine vom anderen übervorteilt fühlt. Dann geschieht es, daß der farblose Mann auf einmal primitiv männlich oder die farblose Frau primitiv weiblich wird, als würden sie die alten Geschlechterrollen karikieren. Der Mann wird gleichzeitig tyrannisch und weinerlich und die Frau stur und wirr, aber letzten Endes zur Unterordnung bereit. Sie verzerren damit jene Eigenschaften, die Mann und Frau in den letzten Jahrtausenden besonders entwickelt haben: der Mann Ich-Stärke und Abgrenzung und die Frau Hingabe und Einfühlung. In solchen Ausbrüchen beweisen sie, daß sie keinen Schritt weiter als ihre Vorfahren sind.

Fällt die Drucksituation weg, finden sich Mann und Frau wieder im undifferenzierten Einerlei. Die Fähigkeit zu Ich-Stärke und Abgrenzung verkümmert bei beiden zum gleichen passiven Reagieren und die Fähigkeit zu Hingabe und Einfühlung zu ähnlichen passiven Verschmelzungserfahrungen, sei es in der Sexualität, sei es in Gesprächen. In letzteren lassen sie den sprachlichen Ausdruck verarmen, um eine kontroverse

Stellungnahme des Gesprächspartners auszuschließen. Mitgeteilt wird nur das intensive Gefühl, »trotz allem« schicksalhaft zusammenzugehören. In Aussehen, Kleidung und Gehabe gleichen sich solche Partner immer mehr an. Der seelische Zwitter tritt klar in Erscheinung. Ich meine damit nicht nur das Verbergen der geschlechtsspezifischen Körpermerkmale im Gegensatz etwa zur Mode des extremen Männchens und des extremen Weibchens, sondern auch die Vermischung aller individuellen Unterschiede in der gegenseitigen Anpassung. Jeder vermeidet das In-Erscheinung-Treten seiner Eigenart. Wenn er trotzdem einmal ein eigenes Anliegen oder eine Initiative vertritt, stellt er sie gleichzeitig als unwichtig dar, durch den banalen Tonfall etwa oder die entwertende Gestik. Vorschläge und Initiativen des anderen werden mit sanfter Nachgiebigkeit scheinbar angenommen, in Wirklichkeit aber neutralisiert. Beide gleichen einem Paar aus dem griechischen Mythos: Endymion und Selene. Endymion schlief, als Selene ihn zum ersten Male sah und küßte. Aus diesem Schlaf ist er noch immer nicht aufgewacht. Als Grund für diese »schläfrige« Beziehung wird angegeben: Endymion will nicht älter werden, und Selene schätzt zarte Küsse mehr als Leidenschaft. In ihrer Zurückhaltung sind sich beide verwandt. Sie bringen sich nicht in ihre Liebesbindung ein und verhindern so das Älterwerden, die Reifung der Persönlichkeit.

Es kann sein, daß der seelische Zwitter nur eine Phase im jugendlichen Erwachsenenalter ist. In Anbetracht der schwierigen Übergangssituation im Selbstverständnis von Mann und Frau ist es verständlich, daß junge Menschen heute länger »hinter dem Ofen« bleiben. Dabei können sie, von anderen Menschen unbehelligt, Kräfte für spätere Auseinandersetzungen sammeln. Es ist jedoch auffällig, daß der beschriebene Partnerschaftszwitter über das Jugendalter hinaus bei vielen zur dauernden Lebensform erstarrt.

Die zweite aktuelle Gefahr für die Liebesbindung zwischen Mann und Frau ist der seelische Geschlechtertausch. Wie jeder bloße Umschlag ins Gegenteil ist auch dies ein passiver, unbewußter Vorgang. Die Partner überdenken nicht ihre bisherigen Geschlechterrollen und fühlen sich nicht in das Gegengeschlecht ein. Der Mann wird zu einer minderwertigen Frau und die Frau zu einem minderwertigen Mann. Der Mann ist wechselnden Launen und Emotionen unterworfen, und die Frau setzt unbegründete Ansichten stur durch und bestimmt damit das geistige Klima der Partnerschaft, wie ich dies auch vom seelischen Zwitter in besonderen Härtesituationen beschrieben habe. Diese Reaktionsform findet man auch bei älteren Paaren. Sie besteht nicht im Rückzug in geschlechtsundifferenziertes Verhalten, sondern im primitiven Ausleben von Eigenschaften des Partners.

Der Umschlag ins Gegenteil ist nicht mit jenem spielerischen Rollentausch zu verwechseln, den Paare zur Entwicklung neuer Begabungen und Fähigkeiten vornehmen. Hier gibt es kein starres Entweder-Oder. Auch fördern sich beide gegenseitig in ihren neuentdeckten Möglichkeiten. Ein Mann, der seit vielen Jahren seine musikalische Begabung im Klavierspiel entwickelt hat, stimuliert jetzt seine Frau, ebenfalls ein Instrument spielen zu lernen. Mit ihrem beweglichen Rollenverständnis in allen Bereichen, auch in der Sexualität, beleben sich solche Paare und regen sich gegenseitig an. Sie sind zwar keineswegs stabil, und Konflikte gefährden immer wieder ihr Zusammenleben, aber es ist auch für den Außenstehenden spürbar, daß sie Liebende sind, die einen gemeinsamen Weg suchen, auch wenn sie sich häufiger als andere streiten.

Ich werde noch ausführlich erläutern, wie Mann und Frau in gegenseitiger Leitbildspiegelung jeder seine geschlechtsspezifisch einseitige Rolle relativieren und Einsichten in brachliegende Teile seiner Persönlichkeit gewinnen kann. Für den Moment beschränke ich mich auf die Frage, wie auch der Mann weiblicher werden, daß heißt traditionell weibliche Eigenschaften in sich entwickeln kann.

Nachdem wir uns mit zwei aktuellen Gefahren im Selbstverständnis von Mann und Frau beschäftigt haben, können wir uns jetzt der Frage dieses Kapitels zuwenden.

Viele Männer haben Angst, ihre Männlichkeit zu verlieren, wenn sie sich intensiv auf Frauen einlassen, vor allem, wenn sie sich auf ihre eigene »innere Frau«, nämlich die unentwickelten weiblichen Seiten, einlassen. Obschon sie die frühere Rolle des Ernährers, des einseitig Verantwortlichen und des »Familienoberhauptes« gerne loswürden, befürchten sie doch, weibisch zu werden, und halten trotzig am alten fest.

Es stimmt, daß der Mann nicht weiß, worauf er sich einläßt, wenn er sich auf die Frau einläßt. Doch eben dies ist das Abenteuer einer echten Entwicklung, die unvorhersehbar sein muß. Wenn der Mann dieses Abenteuer nicht wagt und sich nicht auf die Frau einläßt, geschieht ihm gerade das, was er befürchtet: Er wird weibisch, das heißt abhängig von einer Frau, die er als Mutter in Beschlag nimmt. Rigide Männlichkeit ist immer mit weibischer Abhängigkeit von der Frau gekoppelt. Und gerade um diesen Zusammenhang weiß der Mann, der sich nicht wirklich auf die Frau einlassen will, am allerwenigsten. Nur wenn er reife Weiblichkeit in sich fördern würde, könnte er seine weibische Abhängigkeit vom Weibe überwinden. Wenn er nicht selber auch weiblich wird, bleibt er das Kind seiner Frau. Seine Frau muß dann »weiblich für zwei« sein. Fördert er nicht in sich selber »weibliche« Werte, wie die Fähigkeit, neue Signale und Impulse wahrzunehmen, anzuerkennen und aufzunehmen, Probleme nicht nur im Kopf zu denken, sondern auch »im Herzen zu erwägen«, Geduld und Ausdauer im Gefühl, innere Kraft in schwierigen Lagen, bleibt er in all diesen wichtigen Bereichen von seiner Frau abhängig: Er will von ihr angenommen, geliebt, gehätschelt werden, appelliert ständig an ihre Geduld und unumstößliche Treue. Statt sich selber aktiv in die Frau hineinzuversetzen, was Hingabe wäre, bettelt er passiv um Zuwendung. Er ist ein weibischer Mann, weil er auf seiner starren Männlichkeit beharrt.

Es gibt nichts Belebenderes für einen Mann, als sich mit Frauen abzugeben. Ich verstehe darunter das Gegenteil vom zwanghaften männlichen Reflex, sich als Mann im Zusammensein mit einer Frau bestätigt zu sehen, zum Beispiel dank einer »gelungenen« Verführung. Ich meine damit vielmehr die gelöste, heitere, für die Eigenart einer Frau und dieser Frau im besonderen durchlässige Aufmerksamkeit. Dieses absichtslose Interesse setzt unwillkürlich Leib und Seele in Schwingungen, so daß sich der Rhythmus der Frau mit meinem eigenen verbindet und die Frau aus mir heraus mit-denkt, mit-fühlt, mit-redet. Im Wechselspiel und Austausch fließen beide Gestalten hin und her. Einmal sehe ich ihre Gestalt deutlich als Gegenüber, dann spüre ich, wie sie aus mir selber heraustritt. Im Spiel der Gegensätze sind wir gleichzeitig gelöst und wach. Anders als in der geschlechtlichen Hingabe, wo Du und Ich im Geben und Nehmen verschmelzen und doch ganz sie selber sind, ist dieses heitere Spiel ein leises, probeweises Austauschen und Auskosten der beiden Gestalten in einer ersten Annäherung.

Es gibt für den Mann keinen besseren Weg, weiblich zu werden, als oft mit Frauen zu sein, wie es für ihn keinen besseren Weg gibt, weibisch zu werden, als nur mit Männern zu sein. Orpheus mied nach dem Verlust Euridikes jeden Kontakt mit Frauen und fand deshalb seinen Tod durch Frauen, nämlich durch die Mänaden, die ihn in Stücke zerrissen. Er verlor seine männliche Identität, weil er die Frauen floh. Seine mangelnde Beziehung zur Frau kündigte sich bereits an, als er im Hinausgeleiten Euridikes aus der Unterwelt zurückblickte und sie dadurch endgültig verlor. Der Blick zurück zur Unzeit offenbarte seine Unsicherheit in bezug auf die Frau und seine weibische Abhängigkeit von ihr.

Die beschriebene Art, weiblicher zu werden, löst für den Mann die Polarität der Geschlechter keineswegs auf. Im Gegenteil, die Spannung zur Frau wird für ihn erst richtig spürbar: nicht im verbissenen Kampf der Geschlechter, sondern in einem hell-heiteren und tief innerlichen Spiel, bei dem er das Gefühl hat, seine Welt werde neu geschaffen. Zu den treffendsten Darstellungen dieses Spieles von Frau und Mann gehören jene, welche die Vereinigung des indischen Götterpaares Shiva und Shakti zeigen. Die in der sexuellen Vereinigung ganz aufeinander bezogenen Gestalten gleichen sich in gewisser Hinsicht. Der männliche Shiva hat »weibliche« Geschmeidigkeit und Anmut und seine Shakti »männliche« Festigkeit und Kraft. Und doch käme niemand auf die Idee, Shiva als weibisch und Shakti als »männisch« zu bezeichnen. Die konzentrierte und gelöste, ihrer selbst ganz bewußte Lebensenergie des Gottes vermittelt sich dem Betrachter. Der Gegensatz von männlich und weiblich ist als Alternative gegenstandslos geworden, und doch handelt es sich bei Shiva um eine eindeutig männliche Gestalt, die von innen her stärker als jede Männerplastik Michelangelos oder Rodins wirkt. Das rührt daher, daß Shakti ebenso wie Shiva eine völlig bezogene Gestalt ist und daher als Shivas eigene Lebensenergie erscheint. Die Betrachtung dieses Götterpaares läßt erahnen, wie die spiegelnde Vereinigung von

Mann und Frau in der eigenen Seele zustande kommt. Nichts Gezwungenes und Konstruiertes hat hier die Mannwerdung der Frau und die Frauwerdung des Mannes. Beide wirken als das Allernatürlichste der Welt, und sind es auch. Und doch ahnt der Betrachter im eigenen konzentrierten Gewahrsein, daß hier spielerisch das zum vollendeten Ausdruck kommt, was die uralte Geschichte grausamster und verzweifelter Kämpfe zwischen Mann und Frau überwunden hat. Und so sind denn auch die köstlichen Stunden des Spiels zwischen Frau und Mann Frucht jahrzehntelanger Auseinandersetzungen. Wie viele Versteinerungen gehen der flexiblen und gelassenen Beweglichkeit voraus, wie viele listige Umgarnungen der Freiheit des Spiels, wie viele Vorspiegelungen der Leitbildspiegelung!

Weiblicher werden heißt, dieses Spiel auch unter schwierigen Umständen, in denen Menschsein auf die Probe gestellt wird, unbeirrbar zu spielen: Während einer verbissenen Anstrengung dem Lächeln einer Frau zu begegnen und das gleiche Lächeln sogleich in der Seele zu haben! In Leistung zu erstarren und dann die weibliche Gestalt aus sich zu erlösen! Sein Gesicht im Spiegel einer Frau zu entkrampfen! An seine Grenzen zu stoßen, sich trotzdem hinzugeben und gewandelt zu erwachen! Wie wohltuend ist es für den Mann, sich im Gewahrsein der Frau zu öffnen, sie hineinzunehmen, zu tragen, auszuhalten, zu nähren, wachsen zu lassen und zu gebären! Den Samen auch zu empfangen, statt ihn bloß auszustoßen, ist für ihn Gesundung: die Befruchtung seiner Seele.

Um unser Weibliches in seinem Wachstum zu fördern, sollten wir in allen Begegnungen mit Frauen die Poren unserer Seelenhaut öffnen. Jede einzelne Frau trägt in ihrer Eigenart dazu bei, die Frau in mir zu formen. Ihr Bild weckt meine Gestaltung. Wachheit ist Hingabe, die Schläfrigkeit des Endymion dagegen Verweigerung. In Gegenwart einer Frau können wir das Nein überwinden, das uns im Mannsein belassen will, und das Ja, das die Abhängigkeit des Kindes sucht. Es gibt keine häßliche Frau, es gibt nur Grenzen in der Hingabe des Mannes an die Wirklichkeit der Frau und seiner Seele.

Auch die Spiele der Phantasie können das Weibliche des Mannes stärken und formen. Scheuen wir uns nicht, auch manchmal tagsüber von Frauen zu träumen, doch versuchen wir, in diesen Träumen ein wenig wach zu bleiben, damit die flüchtigen Gebilde des Weiblichen zu dauerhaften Gestaltungen unserer Seele werden. Spiele der Phantasie sind nicht nur glückliche Zufälle, die in Mußestunden eintreten. Sie können gelernt und geübt werden. Dabei werden hilfreiche Spielregeln entdeckt. Die Spiele bekommen verbindliche Gestalt, werden Geschichte und Gegenwart. Weiblicher werden ist für den Mann der Weg zur eigenen Lebendigkeit.

Du oder Ich: eine Wahl?

Gleichgültigkeit dem Partner gegenüber, zynische Entwertung und Nicht-ernst-Nehmen seiner Person, dauernde Feindseligkeit und beharrlicher Haß: Dieses absolute Nein kann zwei Menschen, die sich einmal geliebt haben, zu Festungen der Abwehr machen, zwischen denen kein Funke von gegenseitiger Belebung und Kommunikation mehr springt. Das Nein dient nicht mehr dem Spannungsaufbau in der Liebe. Der natürliche Wellenrhythmus von Auf und Ab, Nähe und Distanz, Hoffnung und Enttäuschung, Vereinigung und Abgrenzung ist zu einem einzigen Nein gegen diesen Menschen geronnen. Keine gemeinsame Zukunft mehr mit ihm, sondern Zu-mir-Kommen und Bei-mir-Bleiben dank der Trennung von ihm: Dies ist mein einziges Ziel geworden. Das Nein hat die Grenze überschritten, wo es noch verbinden könnte.

Jetzt ist es zu spät und zugleich zu früh, zu fragen, wie alles hätte anders gehen, wie die Eskalation des Nein hätte verhindert werden können. Jetzt heißt es noch nicht einmal einen neuen Weg suchen, sondern einfach: den alten Weg verlassen, den toten Ast abschneiden: Abtrennung ein für allemal.

Dieses Nein hat zwar keinen Platz mehr in der Liebe zum Du, doch sollte es nach und nach wieder zur Liebe zu sich selbst führen. Nicht die Trennung und Scheidung von einem Menschen verursacht den größten Schaden, sondern die Trennung und Scheidung von sich selber, weil Einssein mit dem andern immer auch Einssein mit sich selber, Selbstachtung und Selbstvertrauen bedeutet. Der Irrtum, es gebe eine unauflösbare Schicksalsverknüpfung zweier Menschen, ist gerade bei denen verbreitet, die in einer Partnerschaft gescheitert sind. Gretchens Satz zu Faust: »Wo ich ihn nicht hab', ist mir das Grab. Die ganze Welt ist mir vergällt«, gilt oft nicht nur für den Partner, der verlassen worden ist, sondern auch für den anderen, der die Initiative zur Trennung ergriffen hat. Er gilt auch für den, der nicht mehr liebt, sondern nur noch haßt. Ohne den andern fühlen wir uns vom Leben abgeschnitten. Das Nein zum Du bekommt die Bedeutung eines Nein zu sich selber, und zwar manchmal auch bei solchen Partnern, die sich vernünftig und gelassen geben und sich in gegenseitigem Einverständnis voneinander trennen. Sogar wenn jemand einen Partner zugunsten einer neuen Beziehung verläßt, sind solche Verlustgefühle nicht selten. Manchmal tauchen sie erst längere Zeit nach der Trennung auf.

In der Trennung wird deutlich, daß mir nicht alles Menschenmögliche möglich ist, sondern meine Möglichkeiten begrenzt sind und ich in dieser gescheiterten Beziehung den Eros, die Einswerdung nicht zu verwirklichen imstande war. Nirgends stärker als in der Trennungssituation sind wir auf die Grenzen des Machbaren zurückverwiesen. Unser Unvermögen, diese Beziehung zu retten, gibt uns das allgemeine Gefühl von Ohnmacht. Es fällt uns schwer, auf das zu verzichten, was wir nicht verhindern können. Ich spreche natürlich nicht von der Trennung zweier Menschen, die sich nie geliebt haben.

Daß ich vom Liebenden zum Hassenden geworden bin, ist das schmerzhafteste Eingeständnis meiner Begrenzung. Ich spüre, daß das Du auch ein Teil meiner selbst war, sonst hätte ich es nicht geliebt; aber meine Hingabe war begrenzt: an das Du und an jenen Teil in mir selber, der dem Du entsprach. Ich habe den Arm ausgestreckt und ihn wieder sinken lassen, habe das Du in mich hineingenommen und wieder ausgestoßen. Dieser Teil meiner Welt war mir zu fremd, als daß ich mich mit ihm dauerhaft im Eros hätte verbinden können. Auch ist meine Einflußnahme auf das Du begrenzt. Dieses ist frei, sich der gegenseitigen Spiegelung zu entziehen. Meine Macht über den andern ist beschränkt. Ich stehe nicht an seiner Stelle, kann sein Denken, Fühlen und Handeln nicht bestimmen.

Leicht verwechsle ich jetzt mein Unvermögen mit völliger Ohnmacht. Ich verallgemeinere meine Erfahrung mit dem einen Menschen auf alle möglichen Erfahrungen mit anderen Menschen. Die Angst lähmt mich: »Ich kann nicht lieben« und: »Ich bin es nicht wert, geliebt zu werden, bin kein liebenswerter Mensch.«

Diese beiden Grundängste: Unfähigkeit zu lieben und Unmöglichkeit, geliebt zu werden, erzeugen Resignation. Die Passivität kann nur überwunden werden, indem ich mich aktiv in der Hingabe übe, nicht mehr an den Partner, von dem ich mich getrennt habe, sondern an den inneren Menschen, der zu werden ich dank der gescheiterten Beziehung gehofft habe, wahrscheinlich, ohne es zu wissen. Die innere Auseinandersetzung mit dem einst geliebten Menschen muß so bald wie möglich anfangen, damit aus dem Nein zum Du ein Ja zu mir selber werden kann und eine neue Entwicklung, später vielleicht auch eine neue Liebesbindung möglich wird. So bekommt die gescheiterte Beziehung den Sinn, den sie seit jeher hatte.

Nach einer Trennung sollten wir uns in zwei Richtungen bemühen: zur äußeren Abkehr vom Du und zur inneren Auseinandersetzung mit ihm. Um diese doppelte Bemühung geht es im folgenden.

Die Abkehr vom anderen ist natürlich nicht an dem Tage beendet, an dem wir den gemeinsamen Wohnsitz aufgeben oder die rechtliche Scheidung ausgesprochen wird. Sie hat schon vorher angefangen und ist noch nicht abgeschlossen. Die eigentliche Abkehr kann oft erst an diesem Tage anfangen. Jetzt heißt es zunächst, sich alle jene Unterschiede zwischen den soeben getrennten Partnern in den Auffassungen und der Lebensweise willentlich und ausführlich zu vergegenwärtigen – Unterschiede, die ein Zusammenleben und insbesondere die Liebesbindung unmöglich gemacht haben. In dieser Vergegenwärtigung der Unterschiede können auch banale Einzelheiten eine symbolische Rolle spielen. Vielleicht freut sich ein Geschiedener, wie als Kind wieder bei geöffnetem Fenster zu schlafen, weil kein Partner mehr da ist, der nur bei geschlossenem Fenster schlafen kann.

Die Unterscheidung vom früheren Partner gibt ein Gefühl von Erleichterung und Erlösung: »Ich habe nicht nur etwas verloren, sondern auch etwas wiedergewonnen.« Während ich mir über die Unterschiede zum Partner Gedanken mache, realisiere ich vielleicht, wie selten ich im Laufe der Beziehung über dieses Thema nachgedacht habe und daß mein fester Standpunkt nach und nach verlorenging. Ich hole also etwas nach, was in der Beziehung unterblieben ist. Auch die Erledigung dieser Aufgabe gibt ein gutes Gefühl.

In der ersten Zeit nach der Trennung gehen mir ständig die grausamen und kränkenden letzten Gespräche durch den Kopf. Wieviel Bosheit, Enttäuschung, Traurigkeit, Verzweiflung habe ich in diesen Gesprächen gespürt, in mir selber und im anderen! Doch machen es mir gerade diese negativen Gefühle leichter, der Vergangenheit den Rücken zu kehren. Die seelischen Wunden waren nötig, um mich wachzurütteln und in die Flucht zu schlagen. Die Verletzungen, die wir uns gegenseitig zufügten, halfen mir, die Trennung, die mein Partner mir zunächst aufgezwungen hatte, selber aktiv zu wollen. Zuerst zögerte ich, doch dann konnte es kein Zurück mehr geben.

Außerdem: Was damals an Aggressionen und Haß aus mir brach, war schon vorher heimlich in mir drin. Ich erinnere mich jetzt sehr wohl daran. Etwas in mir wollte schon seit langem die Trennung, aber ich habe dem Partner die Rolle überlassen, sie auch stellvertretend für mich zu fordern.

Zwei Märchenmotive geben Hinweise darüber, wie wir die seelische Abkehr vom früheren Partner erreichen können.

Das erste ist die Nahrungsverweigerung. Im nordamerikanischen Märchen »Ititanjang, der Mann, der die Wildgans heiratete« weigerte sich die Frau, auch nur das geringste an Nahrung von ihrem Manne anzunehmen. Manchmal geht die Abhängigkeit von einem anderen Menschen so weit, daß wir nur noch mit seinem Kopf denken, mit seinen Händen arbeiten, mit seinem Mund essen können. Dann ist die Rettung der eigenen Individualität oberstes Gebot. Jetzt haben wir jegliche Nahrung, geistige und materielle, zu verweigern, um das Gespür für das zu bekommen, was wir aus uns selber sind. Auch magersüchtige Jugendliche drücken mit der Nahrungsverweigerung ihr Bedürfnis nach Autonomie aus.

Die materielle Abhängigkeit vieler Frauen von ihren geschiedenen Männern stellt in diesem Zusammenhang ein schwieriges psychologisches Problem dar. Einesteils haben sie ein Anrecht auf Unterstützung und sind auf das Geld angewiesen. Andererseits fällt es schwer, seelische von materieller Unabhängigkeit zu unterscheiden. Wenn die Frau wegen der Kinder in der Ausübung eines Berufes eingeschränkt ist, muß sie alles daransetzen, diese Unterscheidung zu treffen und seelische Unabhängigkeit trotz materieller Abhängigkeit zu erreichen.

Die wichtigste Nahrungsverweigerung bezieht sich auf die Projektionen, mit denen der Partner uns gefüttert hat, bis wir uns nicht mehr von ihnen unterscheiden konnten. Eine Frau ist vielleicht doch nicht eine so gute Hausfrau, wie es die Wunschprojektion ihres Mannes wollte, aber auch nicht eine so schlechte Geschäftsfrau, wie die abwertende Projektion des Mannes ihr glaubhaft zu machen versuchte. Die Fastenkur der seelischen Nahrungsverweigerung hilft, in die eigenen Grenzen zurückzufinden, indem ich mich vom Projektionsträger zu unterscheiden lerne, zu dem mich der geschiedene Partner gemacht hat.

Ein zweites hilfreiches Märchenmotiv, das die aktive Trennung fördert, ist das Befreiungsopfer. In manchen Märchen flüchtet eine Frau vor einem gefährlichen Liebhaber, indem sie Gegenstände über die Schulter nach hinten wirft. Diese vergrößern sich und werden für den Verfolger zu Hindernissen. So wird etwa aus einer Bürste ein Bürstenberg, aus einer Prise Salz ein Salzmeer. Wie bei der Nahrungsverweigerung bringt die Frau auch hier Opfer. Sie verzichtet auf Unwichtigeres, um ihre nackte Haut, das heißt ihre Identität zu retten. Eine ähnliche Bedeutung hat der früher verbreitete Brauch, die Geräte, zum Beispiel Eßbestecke, die jemand in der Zeit vor seinem Tode gebraucht hat, dem Verstorbenen ins Grab zu geben. Auf keinen Fall dürfen sie von den Überlebenden weiterverwendet werden. Auch nach dem Tod einer Bindung muß die materielle Abhängigkeit soweit wie möglich aufgelöst werden, um die seelische Unabhängigkeit zu erleichtern. Wir sind dem Motiv des manchmal sinnvollen Opfers bereits im Kapitel ›Liebe auch ohne Sexualität?‹ nachgegangen.

Was den Tag der Trennung gerne hinausschieben läßt, sind die vielen Bequemlichkeiten, die man zu zweit teilte, aber allein aufgeben muß. Schließlich muß das Geld des einen Haushaltes nach der Trennung für zwei reichen. Und trotz aller Konflikte hatte es doch etwas Beruhigendes an sich, zu Hause noch einen anderen Menschen zu wissen.

Erst wenn die innere Abkehr vom Partner soweit vollzogen ist, daß wir in ihm nicht mehr den leibhaftigen oder den armen Teufel sehen müssen, kann die innere Auseinandersetzung mit ihm und die Verbindung mit dem Bereich in mir selber, den der geschiedene Partner stellvertretend für mich abgedeckt hatte, anfangen. In den Märchen wird dies im Motiv der Suchwanderung ausgedrückt. Auf der Suche etwa nach einer Prinzessin begegnet der Held so vielen Hindernissen, daß er durch deren Überwindung zu einem reifen Menschen werden kann. Die Beschreibung des Zieles ist in den Märchen weniger wichtig als die Beschreibung des Weges, der zu ihm führt. Das zeigen auch Kinder, denen ein Märchen erzählt wurde. Sie erinnern sich im nachhinein genau an einzelne Episoden des Märchens, vergessen aber oft dessen Schluß, obwohl sie doch darauf hingefiebert hatten, als ihnen das Märchen erzählt wurde. Die Episode, an die sie sich am besten erinnern, hat immer mit der eigenen Entwicklung zu tun. Sie zeigt dem Kind in bildhafter Sprache, wie es einen jetzt angezeigten, notwendigen Entwicklungsschritt tun kann. Das Hauptinteresse des Kindes gilt also der Suchwanderung selber, wie auch Erwachsene später sich oft nicht mehr an das Ende, wohl aber an Verwicklungen und deren Lösungen in einem Film erinnern.

Folglich geht es in der Suchwanderung weniger um einen äußeren Vorgang, mit welchen praktischen Tricks etwa ein junger Mann es fertigbringt, über seinen Stand hinaus zu heiraten, als vielmehr um den inneren Weg zu sich selber. Der männliche Held muß, um sich selber zu finden, in Beziehung zu seiner eigenen Weiblichkeit treten: zur »inneren Frau«, die die Einseitigkeit des Mannes ausgleicht. Die »Hochzeit« mit der »inneren Frau«, also die Verbindung der männlichen und weiblichen Anteile, wie ich dies im vorigen Kapitel geschildert habe, bedeutet, daß ich jetzt gegensätzliche Bereiche in meinem Wesen, zum Beispiel Aggressivität und Beschaulichkeit, zueinander in Beziehung setze und als einzelner gleichsam ein »Paar«, eine Ganzheit werde, in der die Gegensätze verbunden sind.

Nach einer gescheiterten Partnerschaft ist die Einsicht in die eigenen Projektionen, die mit dem realen Partner wenig zu tun hatten, das Wichtigste. Sicher war die Beziehung sehr stark von unrealistischen Projektionen geprägt, sonst wäre es nicht zu den wachsenden Mißverständnissen und schließlich zur Trennung gekommen. Realistische Leitbildspiegelung hat offensichtlich kaum stattgefunden. Für diese ist es jetzt zu spät. Sie hat nur zusammen mit einem Menschen einen Sinn, mit dem wir in Liebe verbunden sind und zusammenleben wollen. Daher beschäftigen wir uns im folgenden ausschließlich mit der Einsicht in die Projektionen auf den geschiedenen Partner. Diese Einsicht ist das Ziel unserer Suchwanderungen. Sie ist in der jetzigen Lebensphase der höchste Wert, ein Schatz, den wir unbedingt heben müssen.

Was hatte ich bei meinem früheren Partner gesucht und nicht gefunden, weil ich es eigentlich bei mir selber und gar nicht bei ihm finden wollte? Wollte ich, um ein Beispiel neu aufzugreifen, ebenso aktiv werden wie das Bild, das ich anfänglich auf ihn projiziert hatte: das Bild eines aktiven, phantasievollen Menschen? Wir sollten diesen Fragen viel Zeit und Aufmerksamkeit widmen. Von ihrer wahrheitsgemäßen Beantwortung nämlich hängt es ab, ob wir die gescheiterte äußere in eine geglückte innere Beziehung wandeln können, ob also das Nein zum Partner nicht doch noch in einem tieferen Sinn ein Ja zu dem, was wir auf ihn projiziert hatten, werden kann.

Ich gebe nun einige Anregungen für den Weg der inneren Auseinandersetzung mit dem äußeren Partner. Dabei lasse ich das wichtige Problem der Kinder, die vielleicht aus der Ehe hervorgegangen sind, außer acht. Ehe und Familie sind nicht Thema dieses Buches. Nur soviel sei zum Problem der Kinder bemerkt: Sie geben den Eltern kein ausreichendes Motiv, um zusammenzubleiben. Kinder machen eher eine günstigere Entwicklung mit einem einzigen Elternteil durch, als wenn sie zwischen den Eltern in deren Streitereien hin- und hergerissen werden.

Dank der klaren Abkehr vom früheren Partner stärker geworden, versuchen wir nun, ihm – oder dem, was wir in ihm gesehen haben – näherzukommen. Stellen wir uns als *erste Frage:* »Welchen *Hauptgrund* führe ich im allgemeinen für das Scheitern meiner Ehe an?« Erinnern wir uns dabei, welche Gründe wir im alltäglichen Gespräch mit Bekannten und Freunden angeben, und wählen wir jenen Grund aus, den wir am häufigsten nennen. Ich erwähne als Beispiele vier Antworten, die oft gegeben werden. Eine erste Antwort: »Ich wollte einfach weg von meinen Eltern. Der Partner war eigentlich nebensächlich, obschon ich ihn natürlich liebte.« Eine zweite typische Ursache, die für das Scheitern der Partnerbeziehung verantwortlich gemacht wird, lautet etwa so: »Ich war zu jung, ich wußte nicht, was ich tat.« Ein dritter Grund: »Damals gab es noch keinen Sex ohne Ehe. Wir paßten eben nur sexuell zusammen.« Und die vierte Antwort: »Ich habe sie bzw. ihn nicht genug gekannt. Sie bzw. er konnte sich gut verstellen.«

Ich habe die Gründe, die für das Scheitern einer Liebesbindung verantwortlich gemacht werden, absichtlich in einfachster Formulierung wiedergegeben. Diese zeigt nämlich die Oberflächlichkeit der angeführten Gründe. Wer so »daherredet«, mißbraucht immer noch den Partner als Sündenbock. Er traut sich nicht zu, sich auf die Frage nach dem Scheitern der Partnerschaft wirklich einzulassen. In der ersten Phase der Trennung und inneren Abkehr können wir es uns noch nicht leisten, Gefühle nachzuempfinden, die uns jahrelang mit diesem Partner verbunden haben. Doch allein der Umstand, daß wir uns klarwerden, wie abwehrend oberflächlich wir auf die wichtigste Frage geantwortet haben, die uns zur Zeit beschäftigt, kann uns stutzig machen, so daß es möglich wird, die *zweite Frage* zu stellen und im Versuch einer Antwort den zweiten Schritt zu tun.

Welche *unausgesprochene Erwartung* zeigt sich in jedem der vier Gründe, die angegeben wurden? Es muß eben jene Erwartung gewesen sein, die den wunden Punkt in der Motivation zur Partnerschaft bildete, also der störungsanfälligste Punkt, der schließlich zum Scheitern der Beziehung geführt hat.

Ich erinnere an die erste Antwort: »Die Beziehung ist gescheitert, weil ich sie bloß einging, um von meinen Eltern fortzukommen.« Sie offenbart die unbewußte Erwartung an den Partner: »Du sollst mein Vater oder meine Mutter sein.« Das ist kein Widerspruch: Wer eine Ehe oder eine eheähnliche Bindung eingeht, um aus dem Elternhaus zu kommen, sucht wieder ein Elternhaus. Allein schafft er es nicht, wegzugehen. Der Partner soll jetzt Vater oder Mutter oder beides sein.

Hinter der zweiten Antwort: »Ich war zu jung und wußte nicht, was ich tat«, verbirgt sich die Erwartung an den Partner: »Ich möchte, daß du an meiner Stelle für mich verantwortlich bist.« Damit hängt der spätere Vorwurf zusammen: »Du bist für unsere Ehe verantwortlich, also bist du auch an ihrem Scheitern schuld.«

Als dritter Grund wurde angeführt: »Wir haben nur wegen der Sexualität geheiratet.« Die dahinterstehende Erwartungshaltung leuchtet ein: »Ich möchte, daß du meine Sexualität in die Hand nimmst. Du sollst mir Lust schenken und mich befriedigen.«

Und der vierte angegebene Grund, nämlich die mangelnde Kenntnis des Partners, zeigt die Erwartung: »Sei du auch an meiner Stelle intelligent und fälle du allein alle Entscheidungen, die mit uns beiden zu tun haben. Setze deine Reife und Urteilskraft auch für mich ein.«

Keine dieser oder ähnlicher Erwartungen wird natürlich spontan in dieser Weise ausgesprochen. Das Aussprechen allein würde den Bann, der von solchen Erwartungen ausgeht, brechen. Unbewußte Erwartungen dieser Art äußern sich in der ersten als belebend empfundenen Phase einer Beziehung als *positive Projektionen*, zum Beipiel in Sätzen wie: »Du bist absolut zuverlässig«, oder: »Du tust immer das Richtige«, oder: »Ich weiß einfach, daß du der einzige bist, der mich nie enttäuschen wird.« Die Absolutsetzungen, Verallgemeinerungen und die nicht begründbare Gewißheit erweisen solche Behauptungen als bloße Projektionen. Alle positiven Projektionen beinhalten die Identifizierung des Partners mit meinen innersten Erwartungen: Du bist tatsächlich so, wie ich es mir heimlich wünsche. Bereits 1913 hat Marcel Proust den Satz geschrieben: »Wenn wir in eine Frau verliebt sind, projizieren wir einfach unsere seelische Verfassung auf sie.« Das subjektive Gefühl der Verliebtheit wird mit dem Partner, wie er wirklich ist, verwechselt. Es verwandelt das Du in ein Bild der eigenen unbewußten Seele, ähnlich wie die warme Abendsonne mit ihrem goldenen Schein Landschaften und Gesichter in etwas Seelisches zu wandeln vermag, so daß uns die Welt auf einmal wie eine Offenbarung erscheint. Das Gefühl gleicht einer besonderen Tönung des Lichtes. Das in der Projektion Angestrahlte wird zur Offenbarung. Der Verliebte sieht das »bezaubernd schöne Bildnis« der Geliebten tatsächlich als Offenbarung. Nur weiß er nicht, daß es eine Offenbarung über die eigene Seele ist.

Positive Projektionen sind Brückenschläge zum Du. Doch wenn wir zu lange auf der Brücke stehenbleiben, zieht es uns wieder ans alte Ufer zurück: Wir verlieren die Beziehung, die wir dank der Projektion gefunden haben, und grenzen uns gegen den Partner ab, bevor wir ihn kennengelernt haben. Dann schlägt das Lebensgefühl in der Partnerschaft um: Unsere unbewußten Erwartungen äußern sich jetzt als Vorwürfe in *negativen Projektionen,* die den früheren positiven Projektionen widersprechen, zum Beispiel in den Vorwürfen: »Du bist letztlich ganz unzuverlässig«, oder: »Im entscheidenden Moment tust du immer das Verkehrte«, oder: »Ich weiß einfach: Du wirst mich am Ende enttäuschen.« Solche affektgeladenen Vorwürfe sind immer negative Projektionen. Sie haben den Sinn, daß wir wieder auf uns selber zurückgeworfen werden, um selber zu leisten, was wir vom andern erwartet haben. Aber wenn uns die Enttäuschung über die vom Partner nicht erfüllten Erwartungen beherrscht, bleiben wir am alten Ufer und finden den Weg zum anderen Ufer, zum Partner, wie er wirklich ist, und zu uns selber nicht. Dies geschieht in allen Liebesbeziehungen, die in der Desillusion enden.

Für Paul Claudel ist die Frau ein Versprechen, das sie nicht halten kann. Deshalb steigt er in seinen Projektionen noch höher bis zu Gott, von dem er die Einlösung des Versprechens, das die Frau ihm gab, erwartet. Es stimmt, daß ein anderer Mensch nie die Erwartungen erfüllen kann, die wir im Zustand der Verliebtheit an ihn stellen. Wenn wir diese Erwartungen in eigene Regie übernehmen, also unsere Projektionen einsehen, wird die Frau für den Mann zur Führerin und der Mann für die Frau zum Führer, zum »Gott in uns«, wie christliche Mystiker das Selbst – nämlich das dynamische Zentrum des ganzen Menschen, welches das Zusammenspiel der Gegensätze, auch der geschlechtsspezifischen, spontan reguliert – nennen. Die Partnerschaft wird zum Medium der Selbsterfahrung und Selbstverwirklichung. Gegensätze, die vorher zwischen mir und dem Partner, wie ich ihn sah, getrennt waren, werden dadurch, daß ich meine Erwartungen selber in die Hand nehme, in meinem Leben verbunden. Auch das chinesische Weisheitsbuch »I Ging« sah das Ziel des menschlichen Lebens in der weitestmöglichen Vereinigung seiner Gegensätze: von hart und weich, heftig und sanft, schöpferisch und empfangend.

Solange jedoch der Vorwurf an den Partner, sein ursprüngliches Versprechen nicht zu erfüllen, besteht, ist der Weg zur Selbsterkenntnis versperrt. Der Partner bleibt in gewissem Sinne eine übernatürliche Gestalt, Engel oder Dämon, Gott oder Teufel, von dem Heil oder Verderben erwartet oder befürchtet wird. In vielen Märchen werden solche schicksalsschweren Partnerschaften mit übernatürlichen Gestalten geschildert. Solange wir unsere Erwartungen projizieren, sind wir noch nicht mit dem realen Partner verheiratet, sondern mit einer unbewußten Gestalt im eigenen Inneren. Solche »Projektions-Ehen« überleben als innere Realität oft die äußere Trennung und Scheidung.

Wenn Menschen nach einer Scheidung den Mut haben, ihre infantilen Erwartungen von damals, die sich in zunächst positiven, dann negativen Projektionen äußerten, einzusehen und zu formulieren, beginnen sie bereits eine aktivere, verantwortungsvollere Haltung einzunehmen. Sie überwinden vielleicht zum ersten Male die Passivität, die in solchen Erwartungen zum Ausdruck kommt.

In der ersten Verliebtheit und Verschmelzung ist es für uns selbstverständlich, soweit wie möglich den Erwartungen des geliebten Menschen nachzukommen. Kommt jedoch die Zeit der Abgrenzung, verursachen einseitig passive Erwartungen Groll und Aggression: beim einen, weil er nicht alles bekommt, was er will; beim andern, weil er das Gefühl hat, ausgenützt zu werden.

Die infantile Anspruchshaltung ist aber meist bei beiden vorhanden, und zwar in sich ergänzenden Ausprägungen. So erwartet ein Mann von seiner Frau: »Sei du meine Krankenschwester, auch in gesunden Tagen«, und komplementär dazu die Frau vom Mann: »Führe du stark unser gemeinsames Geschick.« Der unverwundbare Held und die Krankenschwester: so kreuzen sich die Projektionen. Die Passivität des einen kommt der Passivität des andern in die Quere. Der Kampf für die je eigene Verantwortungslosigkeit ersetzt die gegenseitige Hingabe. Die schlaueste Waffe in diesem Kampf ist der Mitleid heischende Hinweis auf die vermeintlich unabänderliche eigene Schwäche: »So bin ich halt. Hilf mir doch.« Passive Erwartungen setzen das Tun des anderen an die Stelle des eigenen Tuns. Vermutlich sind die Beziehungen, von denen die Rede war, hauptsächlich daran gescheitert. Der Partner war nicht Leitbild der eigenen Entfaltung, sondern Lückenbüßer.

Der Sinn einer passiven Erwartung liegt – wie bereits mehrfach erwähnt – darin, daß sie die eigene Aktivität meint. Das ist der *dritte Schritt* in der inneren Auseinandersetzung mit dem Partner, von dem ich jetzt getrennt bin: die Übernahme meiner anfänglichen Erwartungen in eigene Regie. Nun weiß ich, daß die Dynamik meiner Erwartungen auf deren Erfüllung durch mich selber zielt.

Im ersten Beispiel geht es darum, auch seelisch das Elternhaus, die kindlich passive Geborgenheit, zu verlassen.

Der Protagonist im zweiten Beispiel übernimmt Mitverantwortung am Scheitern seiner Ehe und damit auch die Verantwortung für seine Zukunft.

Sexualität nicht nur im eigenen passiven Genießen, sondern auch in der aktiven Hingabe an den Genuß des Partners zu leben ist die Zielrichtung im dritten Beispiel.

Im vierten Beispiel schließlich handelt es sich um die Stärkung der eigenen Urteilskraft.

Gelingt der letzte Schritt, erleben wir die vergangene Beziehung immer weniger als ein Scheitern und immer mehr als Voraussetzung für unsere jetzige Selbständigkeit. Dank ihr haben wir die Freiheit gewonnen, nur das zu wollen, was wir selber leisten können. Jetzt sind wir fähig, auch ohne den Partner zu leben, und damit auch fähig zu einer etwaigen neuen Partnerschaft. In der Hingabe an das, was wir nicht mehr von anderen Menschen bekommen, sondern aus uns selber entwikkeln, beginnt unsere Energie wieder zu strömen. Nicht mehr die Trennung, sondern der verbindende Eros prägt jetzt unsere Lebensgestaltung.

In der geschlechtlichen Vereinigung ist der direkte Zusammenhang von Hingabe und Selbstfindung erlebte Realität. Hier kann sich die Gespaltenheit von Du und Ich, Einssein und Begrenzung, Ja und Nein vollständig in eine einzige Bewegung hinein lösen. – Versuchen wir nun, den Erfahrungsweg der sexuellen Vereinigung zu beschreiben, nicht um ihn zu analysieren, sondern um ihn dem Bewußtsein zugänglicher zu machen.

Dieser Erfahrungsweg beginnt in der Phantasie. Kinder, Jugendliche und Erwachsene phantasieren und träumen immer wieder von Annäherungen zu anziehenden Menschen, von Begegnungen, Berührungen und Verbindungen mit ihnen. Sie gleiten dabei zwischen inneren Vorstellungen und deren äußeren Auslösern hin und her: zwischen Phantasiebildern und konkreten Menschen ihrer Umgebung.

Es ist unmöglich, zwischen beiden Seiten ganz zu unterscheiden: Die reale Frau, die ich liebe, wird in mir zur Ein-Bildung und Eigen-Schöpfung. Und umgekehrt: Das Bild, das ich von dieser Frau habe, gibt ihr Lebensimpulse, so daß sie ihm immer ähnlicher wird. Wer bist du, und wer bin ich? Die Phantasie weiß es nicht und kümmert sich nicht darum. Die Welt, die sie sich schafft, ist gleichzeitig eine innere und eine äußere: Die Sehnsucht treibt uns, in der Welt zu suchen, was unsere Seele schon dunkel weiß. In der Vermählung von Phantasiebild und Du treten wir aus dem alten Ich-Bereich hinein in das vollständigere Selbst und hinaus in die umfassendere Welt. Gegensätzliches verbindet sich dabei. Im Entwurf unserer Phantasien werden wir zu vollständigeren Menschen.

In der Phantasie vereinigen sich Äußeres und Inneres, Welt und Seele. Ihr Wechselspiel wandelt beide Seiten: Das Kind sieht das Bild der Mutter und entwickelt sich zu ihm hin. Die Mutter liebt ihr Kind und wird dabei zum Bild, das das Kind in ihr sieht. Liebende sehen sich mit dem Herzen und wandeln sich gegenseitig. Die Welt schafft die Seele, und die Seele schafft die Welt. Keine Seite kommt früher und keine später. Hingabe und Selbstfindung sind gleich ursprünglich. Aus der Gleichzeitigkeit beider entwickelt sich der Mensch. Phantasie ist unsere Schöpfungskraft.

Der Jugendliche hat im Heranwachsen immer glühendere Phantasien und findet darin die Vereinigung der inneren und äußeren Welt. Phantasien von sexuellen Verschmelzungen geben ihm das intensive Gefühl des Einsseins mit allem. Vielfältige Vorstellungen, wie sich Menschen zu- und ineinander drängen, strömen unaufhörlich unter der Oberfläche auch seiner banalsten Beschäftigungen. Sie beflügeln ihn, auch wenn er zur Schule eilt, und lassen seinen Blick glänzen, auch wenn er Mathematikaufgaben löst. Die verschiedensten Frauen bewegen sich körperlich in den Visionen des männlichen Jugendlichen: ätherisch leichte, zurückhaltend sanfte Mädchen; herausfordernde junge Frauen; warme Frauen mit weichen Brüsten und offenem Schoß; verruchte, gefährliche Frauen; Frauen in Not, die auf Rettung warten; abgrundtief traurige Frauen; weise, überlegene Frauen; Frauen von sprudelnder Fröhlichkeit und Lebhaftigkeit, und viele andere: eine größere Vielfalt, als er je in seinem ganzen Leben wird lieben können. Nie wird er so viele und verschiedenartige Frauen umarmen können, aber seine Phantasie faßt sie alle. Nach außen ist er verschlossen und oft ohne Bewegung, doch blickt er nach innen und stachelt durch sein Schauen den Tanz der weiblichen Gestalten an.

In seinen ersten Liebesbeziehungen kann er die reale Freundin und sein inneres glühendes Bild der Frau meist nicht lange als Einheit zusammen wahrnehmen. Beseligt in der Hingabe, ist er kurz darauf wieder einsam in der Trennung. Die Freundin ist ihm nah und wieder fern und fremd, je nachdem, ob er seine Phantasiewelt mit der äußeren Welt zusammenhalten kann oder sie wieder auseinanderfallen läßt.

Auch der erwachsene Mann fühlt sich von Zeit zu Zeit der ihm nahen Frau fremd. Seine Phantasie entfernt sich dann von ihr und spielt eigene Spiele. Das hängt damit zusammen, daß keine äußere Beziehung je den Reichtum der inneren Phantasie erreicht. Deshalb muß sich jeder Mensch von Zeit zu Zeit in sich selber zurückziehen, um sich wieder in einer anderen Weise lebendig zu fühlen, als dies mit seinem Partner möglich ist.

Alles, was ich vom männlichen Jugendlichen und Erwachsenen schreibe, läßt sich unschwer auf das Mädchen und die Frau übertragen. Frauen schildern aus ihrer Perspektive Ähnliches.

Viele Menschen verlernen im Älterwerden dieses belebende Spiel. Sie fixieren sich an einen einzigen Menschen und lassen ihre Phantasie verkümmern. Dann wird die äußere Bindung funktional, und die Seele trocknet aus. Die sexuelle Vereinigung mit dem Du wird unlebendig: Sie führt nicht mehr zur eigenen Lebendigkeit. Das Leben solcher Menschen strömt nicht mehr mit dem Leben eines Du zusammen. Im Hintergrund bewegt es sich leise und kümmerlich. Auch das Du verarmt, weil es zu wenig Nahrung bekommt. Die Phantasie als Kraft, die beide vereinigt, ist im funktionalen Denken erstarrt. So stagniert sowohl die Entwicklung des einzelnen als auch die Beziehung zum Partner, die keine Liebesbindung mehr ist. Vernachlässigung der Phantasie und Verlust der Begabung zum Eros sind ein und dasselbe. Kollektivphantasien in Filmen und Romanen ersetzen nicht das eigene Phantasieren, aber sie können dazu anregen. Ich spreche hier nicht von der für viele Menschen realen Gefahr, in der Unverbindlichkeit von Phantasien steckenzubleiben und den Schritt in die verbindliche Gestaltung des Lebens zu meiden.

Kein Buch über Körperbewußtsein und Orgasmus kann das Leben der Phantasie ersetzen. Wo die Phantasie fehlt, wird die Sexualität unerotisch. Wo hingegen die Phantasie wieder zu spielen anfängt, erfrischen sogar unvollständige sexuelle Erlebnisse, geschweige denn die geglückte Vereinigung von Frau und Mann.

Da aus der Phantasie des Mannes alle möglichen Frauen und aus der Phantasie der Frau alle möglichen Männer auftauchen, brauchen wir vielfältige Kontakte auch mit der Außenwelt. Im Spiegel der vielen realen Frauen und Männer, die wir kennen, spornen wir die inneren Figuren zum Leben an und verhindern, daß es beim bloßen Phantasieren bleibt. Was sich in der Innenwelt bewegen will, ist auf verwandte Bewegungen in der Außenwelt angewiesen, und was sich außen bewegt, wird erst in der inneren Bewegung zur seelischen Wirklichkeit. Es ist ein Irrtum, zu meinen, eine zentrale Liebesbeziehung sei durch belebende Freundschaften mit anderen Menschen, in denen auch die Sexualität mitschwingt, in ihrer Einmaligkeit gefährdet. Diese zentrale Liebesbeziehung ist im Gegenteil gefährdet, wenn die Seele im starren Blick auf einen einzigen Menschen abstirbt. Die Phantasie braucht die Welt, um das Wechselspiel zwischen Seele und Du spielen zu können.

Gerade eine sexuelle Beziehung leidet auf die Dauer darunter, wenn zwei Liebende sich in falsch verstandener ängstlicher Treue ineinander verzahnen und nicht wagen, einem anderen Menschen als dem Partner zuzulächeln. Auch in den Gesprächen untereinander sollte es möglich sein, von anderen Frauen und Männern mit herzlicher Sympathie zu reden, ohne Eifersucht zu wecken. Durch die Freude an der Phantasie des Partners bejahe ich dessen Leben. Auch das ist Hingabe. Was du phantasierst, macht dich reicher, und was ich phantasiere, macht mich reicher. Wenn wir das annehmen können, wird auch unsere gemeinsame sexuelle Beziehung reicher.

Mit dieser Einstellung werden Männer und Frauen zärtlicher zueinander. Der oft beklagte Mangel an Zärtlichkeit vor allem bei Männern geht auf einen Mangel an Phantasie zurück. Zärtlichkeit in Gefühl und Gebärde wächst aus der Berührung des inneren Menschen mit dem Du, und eben diese Berührung setzt Phantasie voraus.

In der sexuellen Hingabe erfahren wir unsere Lebendigkeit als gleichzeitiges Geben und Nehmen. Dies ist für den Mann im Eindringen seines Gliedes und für die Frau in dessen Aufnahme spürbar. Doch erlebt sowohl der Mann als auch die Frau das Eindringende und Empfangende, Geben und Nehmen gleichermaßen, dank ihrer innigen Vereinigung, in der das Glied nicht nur zum Manne, sondern auch zur Frau und die Scheide nicht nur zur Frau, sondern auch zum Manne gehört und darüber hinaus die Frau mit ihrer Scheide und ihrem ganzen Wesen auch geben und der Mann mit seinem Glied und seinem ganzen Wesen auch nehmen kann. Geben und Nehmen sind in beiden gleich ursprünglich und spielen in gleicher Weise zusammen. In beiden erfahre ich mich als Individuum: Wie ich ins Leben hineintrete und wie ich das Leben aufnehme. Das liebende Eindringen in einen anderen Menschen bewirkt, daß ich diesen in mich aufnehme. Und die liebende Aufnahme eines Menschen bewirkt, daß ich in dessen Wesen eindringe.

Der Geschlechtsakt bedeutet folglich im leib-seelischen Bereich dasselbe wie die Leitbildspiegelung im seelisch-geistigen Bereich. Beide sind Eindringen ins Du und dessen Aufnahme in die eigene Mitte. Während im geschlechtlichen Einswerden Körperempfindungen die Verbindung zum Du ermöglichen, folgt in der Leitbildspiegelung aus der ganzheitlichen Wahrnehmung des Du die nämliche Verbindung. Außerdem: Der Sexualakt im beschriebenen Sinn ist auch seelisch-geistiges Innewerden im Du; er läßt sich nicht klar von der Leitbildspiegelung abgrenzen. Und die Leitbildspiegelung ist auch ein körperlicher Vorgang: Das Auge erfaßt eine Gestalt in der Außenwelt; untrennbar von diesem physiologischen Vorgang nehme ich eine Symbolgestalt wahr: das gespiegelte Leitbild eines noch Ungelebten, das im Augenblick eben dieser Wahrnehmung zu leben anfängt. Auge, Intuition und Verstand – Leib, Seele und Geist – sind in dieser einzigen Wahrnehmung verbunden. Ich habe erwähnt, daß jede Leitbildspiegelung auch Auswirkungen auf körperliche Funktionen hat. Dies ist ebenfalls ein Hinweis auf die Verwandtschaft von geschlechtlicher Vereinigung und Leitbildspiegelung.

Der Koitus ist leib-seelisches Ineinandergreifen zweier Menschen. Dagegen setzt die Leitbildspiegelung als seelisch-geistige Wahrnehmung eine gewisse Distanz zum Du voraus: die »optimale Spiegeldistanz«, mit der ein Mensch sein Spiegelbild betrachtet. In der geschlechtlichen Vereinigung steht anstelle der Spiegeldistanz zweier sich gegenseitig ins Auge fassender Pole die Doppelbewegung von Eindringen und Aufnehmen, Geben und Nehmen in jedem der beiden.

Wenden wir uns jetzt näher den Erfahrungen der geschlechtlichen Vereinigung zu, wie es ihrer natürlichen Dynamik entspricht. Zunächst übertragen beide Partner aufeinander ihre Erregung. Darauf folgt eine Phase, in der die körperlichen Abläufe: Zärtlichkeiten, geschlechtliche Vereinigung und Koitusbewegungen, noch teilweise vom bewußten Willen gesteuert werden. Nach und nach jedoch geraten Frau und Mann in eine unwillkürliche gemeinsame Bewegung, die sie nicht vom Kopfe her bestimmen, sondern einfach geschehen lassen. Gerade in seinen lebendigsten und aktivsten Bewegungen fühlt sich jeder auch als ein passiv Bewegter. Ich bekomme meine Bewegung geschenkt, und du bekommst deine Bewegung geschenkt. Jeder erlebt in seiner eigenen Bewegung eine Mitteilung des Du. Diese ist aber auch eine Mitteilung über mich selber, denn die mir geschenkte Bewegung ist voll und ganz meine eigene Bewegung. Im Orgasmus ist die Einheit von Geben und Nehmen, Du und Ich, Welt und Selbst vollständige, ekstatische Wirklichkeit. Ich drücke die Erfahrung der sexuellen Vereinigung in folgender Gleichung aus: Bewegt von der Mitte – Bewegt vom Du.

Ich erlebe die beiden Teile der Gleichung in einer Wechselwirkung: Je aktiver und »ich-vergessener« die Hingabe an die Bewegung des Du ist, desto deutlicher spüre ich die Eigenbewegung meiner zentralen Persönlichkeit. Und umgekehrt: Je mehr ich mich von meiner eigenen Dynamik her unverkrampft bewege – von meinem Becken, meiner Mitte, meinem Selbst her –, desto mehr bin ich mit meiner Hingabe, das heißt mit dem Du, dem ich mich hingebe, und mit seiner Bewegung identisch. Auch hier ist keines ursprünglicher als das andere, und jedes existiert nur zusammen mit dem anderen. Isoliert würden beide degenerieren: die Selbstverwirklichung zur Lust, die einseitig vom Willen mit Hilfe einer Technik »gemacht« wird, und die Hingabe an das Du zum »faire la charité«, das heißt zu einer Nächstenliebe, die ebenfalls »gemacht« wird. Der Sinn beider offenbart sich nur in ihrer Gleichzeitigkeit und Verbindung, somit in einem Dritten: in der bewegten Bewegung oder – was das gleiche ist – im bewegenden Bewegtsein: in der Selbst- und Du-Erfahrung als Einheit.

Meine Darstellung der sexuellen Vereinigung ist eine bloße Zielvorstellung, die allerdings unserer leib-seelischen Dynamik entspricht. Es ist weniger wichtig, diese Zielvorstellung vollständig zu verwirklichen, als sie »im Gefühl« zu behalten. Es ist unvermeidbar, daß der eine oder andere Partner ab und zu aus der gemeinsamen Bewegung fällt, und es ist keineswegs beunruhigend, wenn ich mich regelmäßig bei der »Sünde« der »gemachten« Lust oder der »gemachten« Nächstenliebe ertappe. Dies ist nicht als Mangel und Schwäche, vielmehr als Ausdruck unseres geschichtlichen Unterwegsseins zu sehen. Nichtsdestoweniger behält meine Darstellung ihre Gültigkeit: als Darstellung der natürlichen Dynamik des menschlichen Sexualaktes. Als solche steht sie auch nicht in Gefahr, nur idealtypisch und damit als unverbindlich verstanden zu werden. In jedem Sexualakt ist die beschriebene Erfahrung als seine innerste und eigentlichste Zielrichtung spürbar und aufspürbar, auch wenn sie nur in Andeutungen gelebt wird. Es geht um ein Modell, aber nicht als Abbildung des »normalen« Sexualverhaltens, sondern als Ausdruck einer leib-seelischen Dynamik.

Der »normale Mensch« hat das Bedürfnis nach Eindeutigkeit, nach einem klaren Entweder-Oder. Er hält die polare Spannung weder im Denken noch im Leben aus. Der »erotische Mensch« dagegen sucht diese Spannung gerade da, wo sie am intensivsten ist. Die gleichstarke Orientierung am Du und am Selbst bewirkt die erotische Hingabe.

Ich habe bereits die Verwandtschaft zwischen dem leib-seelischen Sexualakt und der seelisch-geistigen Leitbildspiegelung beschrieben. Der Tantrismus, eine tibetanische Ausprägung des Buddhismus, hat sich zum Ziel gesetzt, diese beiden zu verbinden. Daher schließe ich dieses Kapitel, indem ich den Tantrismus vom Gesichtspunkt dieser Verbindung her schildere.

Die künstlerischen Darstellungen tantrischer Paare zeigen sie deutlich. Mann und Frau sind miteinander im Geschlechtsakt sitzend verschmolzen, gleichzeitig wahren Oberkörper und Kopf einen Abstand, der die Beobachtung ermöglicht. Beide sind völlig eins und nehmen sich »trotzdem« gegenseitig wahr. Sie brauchen die in der geschlechtlichen Vereinigung belebte Energie zur Wahrnehmung des Selbst im Spiegel des Du. Die gegenseitige aufmerksame Wahrnehmung ist in allen Darstellungen tantrischer Liebespaare zu beobachten. Das Bild des Gegenübers dient dessen Ein-Bildung und innerer Ausformung im Schauenden. Die sexuelle Vereinigung erzeugt die Dynamik für diese »innere Arbeit«. Die Partner verstärken sie, indem sie die »Hitze festhalten«, das heißt den Sexualakt durch entspannte Aufmerksamkeit soweit wie möglich verlängern. Der Mann behält den Samen lange oder sogar ganz zurück. So kann die körperliche Vereinigung zu etwas Seelischem werden: Zwei Menschen durchdringen und nehmen sich gegenseitig in ihrem Wesen auf. Diese »Zurückhaltung« erfordert natürlich einen hohen Grad an Hingabe: Die gemeinsamen Koitus-Bewegungen sind ganz innerlich und verhalten und kein »mechanischer« Ersatz für die Liebe. Schließlich fallen sie als körperliche Bewegungen ganz weg.

Das Ansteigen der seelischen Temperatur erzeugt Phantasien. Im Spiegel der Frau, die rittlings auf seinem Schoß und ihm gegenüber sitzt, sieht der buddhistische Tantriker ein »inneres Mädchen«, das seine Wirbelsäule hinaufsteigt: seine sich steigernde seelische Lebendigkeit.

Noch in einem weiteren Punkt trifft sich die tantrische Erfahrung des Eros mit den Auffassungen, die ich in diesem Buch vertrete. Ich führte aus, daß Hingabe an das Du auch als Zerstörung des Ich erlebt werde. Der Tantriker entwickelt in sich das Bewußtsein vom Todesaspekt der erotischen Hingabe. In der Frau liebt er nicht nur die »Göttin der Schöpfung«, die Leben und Wachstum fördert, sondern auch die »Göttin der Zerstörung«, nämlich Kali mit heraushängender Zunge und bluttropfendem, mit Fangzähnen besetztem Mund. Er verehrt sie unter anderem, indem er den Liebesakt manchmal zwischen Leichnamen vornimmt.

Die Hingabe an die Zerstörung in der Welt bedeutet: Wenn wir im Widerstand gegen das Böse an die Grenze unserer eigenen Möglichkeiten gestoßen sind, gilt es, mit der Gegenbewegung des Lebens, nämlich der Todesbewegung, eins zu werden. Unter dem Bösen verstehe ich alles, was Leben mindert und zerstört: Krankheit, Dummheit, Versagen der Kräfte, Haß, Krieg, Grausamkeit, Naturkatastrophen. Im »kleinen Tod«, wie die Franzosen den vorübergehenden Ich-Verlust im Orgasmus nennen, ist wie in einer Kernerfahrung jede Art von Zerstörung und Tod vorhanden, aber nicht als Erfahrung der Angst, sondern als fraglose Hingabe und Annahme. In Extremsituationen erweist es sich, ob unsere erotische Einstellung oberflächlich und »gemacht« oder unsere zentrale Dynamik ist. Der Tantrismus ist der Ansicht, die erotische Grundhaltung könne durch den Sexualakt, der auch Leitbildspiegelung ist, gerade in der entscheidenden Bejahung der unvermeidbaren Zerstörung und des Todes gestärkt werden.

Die sexuelle Vereinigung ist Energiequelle und Kernmodell für die Hingabe an unser Leben in allen möglichen Situationen. Die ekstatische geschlechtliche Vereinigung macht für uns die Verbindung der Gegensätze erfahrbar, in denen wir stehen: der

Potenz und des Aufzehrens der Kräfte, des Entzückens über ein Objekt der Welt und des Zerstörtwerdens durch dieses, des Aufbaus und der Zersplitterung, des Lebens und Sterbens.

Vielleicht haben wir viele Jahre, ein halbes Leben lang, damit verbracht, jemand anderem mit oder ohne Worte zu sagen: »So bist du. Ich bin im Bild über dich. Ich weiß, wer du bist.« Im Guten und im Bösen haben wir es »einfach gewußt«. Wir konnten es zwar nicht begründen, doch soll man seinem Gefühl ja mehr trauen als dem Verstand. Ohne daß wir es merkten, ging eine große Macht von uns aus: die Macht eines Bildes. Wir sahen anstelle des anderen unser Bild, und je gläubiger wir daran festhielten, um so mehr wurde es wirklich dieses Bild, das Bild unserer Projektionen, die ihm befahlen: »So mußt du sein!«, das »Spiegelbild der ihn manipulierenden Umwelt«, die wir für ihn waren. Diese suggestive Projektion war vielleicht unsere einzige »Schöpfungstat« in der Partnerschaft: Der andere wurde zum Geschöpf unseres Bildes. Dieses war der Glaube, der uns verband.

Die Projektion als getarnte Unterdrückung wurde schon oft beschrieben. Sie läßt den anderen nicht wachsen. Eine kühle Macht geht von unseren Projektionen aus, sogar von Projektionen glühender Verliebtheit; trennen wir doch durch das projizierte Bild den anderen von sich selber: von der Einsicht in sein eigenes Wesen. Wir schneiden ihn auch von der Welt ab, statt seine Verbindung mit ihr zu fördern, weil wir ihm keinen eigenen Standpunkt zugestehen, von dem aus er sich auf die Welt einlassen könnte. So haben wir ihn in unserer Hand. Jetzt ist er auf unsere Projektionen als Ersatz für die verlorene Identität angewiesen.

Was treibt uns dazu, einen anderen Menschen so von sich selber zu entfremden? Zunächst die Angst, niemand würde freiwillig eine Bindung mit uns eingehen. Vor allem jedoch unsere Unfähigkeit zu lieben. Beziehungen, die hauptsächlich aus Projektionen bestehen, schließen die Liebe aus. Statt mit dem anderen eine Einheit zu bilden, was Liebe wäre, werfen wir über ihn ein Bild wie eine Verkleidung. Wir verbinden uns nicht mit ihm, sondern klammern uns an das Bild von ihm.

Nicht alle Bilder, die wir von Menschen haben, stammen aus

Projektionen. Es kommt vor, daß ich jemandem begegne, der in seiner Persönlichkeit eben das ist, was bei mir noch im Unbewußten der Seele schlummert. Dann regt sich bei mir das Bedürfnis, mich mit diesem Menschen zu verbinden, damit ich im Einssein mit ihm lerne, die noch unentwickelten Seiten in mir, die der andere wach und offen lebt, zu entwickeln. Wenn ich als Mann eine Frau liebe, hängt dies damit zusammen, daß es für mein seelisches Wachstum als Mann wichtig ist, auch weiblicher zu werden. Wenn ich diese bestimmte Frau mehr als alle anderen liebe, heißt dies, daß ich auf dem Wege zu meiner Weiblichkeit besonders von ihr geführt werden will, nicht um genauso zu werden wie sie, sondern um in der inneren Auseinandersetzung mit ihr so zu werden, wie ich selber sein muß. Das ist *Leitbildspiegelung:* Ich kommuniziere mit dem anderen in einem Bereich, der bereits einen reifen, zentralen Persönlichkeitsanteil in ihm bildet und dessen Entwicklung eben jetzt für mich angezeigt ist. Ich kommuniziere mit ihm »wie in einem Spiegel«, weil ich in seiner Persönlichkeit diesen Bereich, von dem ich bisher nichts oder wenig wußte, gespiegelt sehe. Das ist keine unverbindliche, bloß ästhetische Wahrnehmung, sondern das Gewahrwerden einer konkreten Entwicklung, die in mir bereits im Gange ist: Im Moment der Wahrnehmung ist der Partner mir bereits wirkendes Leitbild. Jede tiefe Liebe beruht auf gegenseitiger Leitbildspiegelung, jeder sieht im anderen ein anderes, nämlich sein entscheidendes Geheimnis gespiegelt. Deshalb fördern wir uns selber, wenn wir den Menschen, den wir lieben, bejahen. Im Gegensatz zur Projektion will in der Leitbildspiegelung keiner den andern verändern; keiner knüpft seine Liebe an Bedingungen, sondern jeder will sich selber in der Auseinandersetzung mit dem Du ändern. Ich übe keinen Zwang auf das Du aus, wie es meiner Ansicht nach sein sollte, sondern setze mich dem Bilde aus, das es mir zeigt. Das Gefühl von Freiheit kennzeichnet die Leitbildspiegelung. Ich bin frei vom Zwang, dich zu verändern, und frei, zusammen mit dir meinen seelischen Lebensraum zu vergrößern. In der Hingabe bekomme ich mich selber in einem neuen, wahreren Bild meiner selbst geschenkt. Die Leitbildspiegelung teilt mit der Projektion das Ergriffensein im Gefühl und mit einer bloß funktionalen Beziehung die realistische bewußte Anschauung. Im Gegensatz zur Projektion aber kennt sie keine zwingenden, sondern freimachende Gefühle. Diese Beschreibung der Leitbildspiegelung ist insofern künstlich, als wir nie ganz frei von Projektionen sind. Phasen tiefer Veränderungen fangen in uns immer mit Projektionen an, die wir so bald und so weit wie möglich durch die Leitbildspiegelung ablösen sollten. Doch ist die völlige Trennung von Projektionen und Leitbildspiegelung nie möglich.

Im Zusammenhang mit dem Tantrismus habe ich erklärt, daß die Energie der Leitbildspiegelung die Liebe ist. Ich unterwerfe dich nicht meinem Willen, sondern versuche, von dir her zu fühlen und zu denken. Ich möchte, daß du zuversichtlich bist: Du bist liebenswert, so wie du bist. Und ich versuche, dir die Freiheit zu lassen, so zu werden, wie du sein mußt. Gleichzeitig erwache ich selber zu dem Bild, das unter zahllosen Frauen gerade aus dir zu mir sprach. In diesem Bild vermischen sich zunächst meine Wünsche und Ängste mit deiner Wirklichkeit. Doch weil ich dich liebe, nehme ich die Signale wahr, mit denen du mir immer deutlicher kundtust, wer du wirklich bist. Dein Bild vertritt nicht mein Leben, sondern verbindet sich mit ihm. Ich kann mich im Hin und Her zwischen dir und mir entfalten. In dir selber bist du deine Wirklichkeit, doch in mir eine Traumgestalt, mit der ich im Wachen wie mit einer prägenden Form, eben einem Leitbild, mein Leben neu schaffe: Du bist das Bild meines heimlichen Lebens.

In dieser Verbindung liegt Dauer. Auch mit zunehmender Vertrautheit kann das Spiel zwischen dir und mir weitergehen. Anstelle des Getriebenseins der ersten Zeit tritt eine Lebendigkeit, die alle möglichen guten und bösen Gefühle einschließt. Diese Lebendigkeit zwischen uns und in uns macht die Liebe aus. Sie braucht zu ihrer Entfaltung Zeit. Ich hoffe, wir haben noch viel Zeit.

Manchmal verliere ich, träge geworden, mein inneres Bild von dir. Ich fühle mich dann wie der erwähnte Orpheus, der Euridike an die Unterwelt verlor und nie mehr den Zugang zu einer Frau fand. Die Qual der Trennung, die ich jetzt erleide, ist das erste Gefühl, das ich seit längerem habe. Sie ist ein Geschenk an mich und spornt mich an, mich um dich und dein Bild in mir neu zu bemühen. Es stimmt nie, daß wir uns nichts mehr zu sagen haben. Wenn wir trotzdem diesen Eindruck haben, liegt der Grund darin, daß wir zu wenig lieben. Die Grenzen des Du sind ferner, als ich je gehen kann. Wer nicht mehr liebt, konstruiert eine Grenze, um aufzugeben. Die Grenzen meiner Hingabe liegen immer näher als die Grenzen deiner Persönlichkeit. Dein Land ist größer, als mein Auge fassen kann. »Du langweilst mich« heißt in Wirklichkeit: Meine Hingabe liegt unter deinem Maß. Ich bin in der Liebe halbherzig geworden. Deshalb gibt es keine Leitbildspiegelung mehr zwischen dir und mir.

Liebende haben sich Wichtigeres mitzuteilen als einander ihre stets gleichen Auffassungen über Mahlzeiten, Schlafgewohnheiten, Freunde, Bekannte und Politiker zu wiederholen. Natürlich können sie nicht ständig tiefsinnige Gespräche führen. Das Hin und Her der Leitbildspiegelung kann beiläufig, locker und leicht sein, aber es geschieht durch offene Grenzen. Die seelische Durchlässigkeit zum Du ist entscheidend. Das gleiche Thema, mit geschlossenen oder offenen Grenzen angegangen, führt entweder in den Überdruß des bekannten Hickhack und der Revierverteidigung oder zum angenehmen Ansteigen der erotischen Temperatur. Um noch tiefer in den Sinn der Leitbildspiegelung einzudringen, wenden wir uns jetzt dem Spiegel als Symbol zu.

Was ist eigentlich ein Spiegel? Was bedeutet er im übertragenen Sinne als seelisches Bild? Das Bild des Spiegels ist eines der reichsten Bilder überhaupt. Ich beschränke mich auf drei Bedeutungen, die für die Gestaltung einer Liebesbeziehung wichtig sind, nämlich auf die Bedeutung der Leerheit, der Abwehr und des Orakels.

Im Gegensatz zu einem Gemälde, das im Museum hängt, hat ein Spiegelbild keine eigene Wirklichkeit. Verschwindet der gespiegelte Gegenstand, gibt es auch kein Spiegelbild mehr. Deshalb ist der Spiegel im sogenannten Diamantfahrzeug, einer Schule des Buddhismus, Symbol der Leerheit. Jeder Mönch bekommt anläßlich seiner »Weihe« einen Spiegel überreicht, der ihn daran erinnert, daß die Außenwelt nicht in sich selber, sondern nur als Vorstellung seiner Seele existiert. Durch den Spiegel wird er also aus der äußeren Welt in die innere gelenkt. Die Welt ist leerer Spiegel: ein Traum der Seele.

Die Bedeutung des Spiegels als Leere zu kennen ist auch für Liebende hilfreich, etwa in einem Streit, wenn sie sich ineinander festbeißen. Dann hilft es, sich zu sagen: »Du bist nur mein Spiegelbild. Ich muß den Kontakt zu mir selber finden, um zu merken, was mich in diesem Streit erregt.« So lernen wir, in kritischen Situationen Fixierungen an den Partner zu lösen und die Aufmerksamkeit nach innen zu lenken. Unsere Projektionen schwächen sich ab, und wir werden bereit zur Leitbildspiegelung. Denn der Partner hat nicht bloß die Bedeutung des Traumes, den ich gerade träume. Er ist nicht nur Projektionsfigur, sondern eine eigene Wirklichkeit, mit der ich kommunizieren kann, wenn auch nur in beschränktem Maße.

Darum hat die Anschauung des Spiegels als Symbol der Leerheit etwas Befreiendes an sich. Sie lenkt zurück in die eigene Seele und fördert die Abgrenzung, wenn wir zu einseitig auf die Außenwelt bezogen sind.

Der Spiegel als Bild der Leerheit führt zum Spiegel als einem Symbol der Abgrenzung und Abwehr. Sogenannte Abwehrspiegel gegen bedrohliche Kräfte waren und sind bei vielen Völkern gebräuchlich. Erinnern wir uns an Perseus und Medusa. Nur dank eines Spiegels, der Medusas Einfluß schwächte, konnte Perseus sie köpfen. Die Schwächung von Medusas Einfluß geschah dadurch, daß er ihr eine eigene Realität absprach. Er schaute sie im Spiegel der eigenen Seele.

In einem Streit mit meiner Frau kann ich die Atmosphäre entgiften, wenn ich realisiere, daß ich eigentlich gar nicht mit meiner Frau streite, sondern mit dem bösen Weibe, das zur Zeit gerade in mir wütet. Jetzt ist das böse Weib geköpft: Es hat seine Macht über mich verloren. Ich habe mich beruhigt. Der Abwehrspiegel hat seine Funktion erfüllt, er hat nämlich zur nötigen Abgrenzung zwischen mir und meiner Frau geführt.

Der Abwehrspiegel besagt: »Bleib mir vom Leibe«, aber er meint damit nicht die Partnerin, sondern die eigene Projektion. Jetzt muß ich mich eine Zeitlang hinter meine Grenzen zurückziehen, bevor ich den Versuch machen kann, mit meiner Frau möglichst ohne störende Projektionen wieder in einen realistischeren Kontakt zu treten. So bereite ich mich vor, wieder auf das Geheimnis zu lauschen, das sie mir mitteilen kann.

Das Symbol des Spiegels will also Einsicht in den Vorgang

der Projektion vermitteln, wie dies im Bild der Leere und des Abwehrspiegels deutlich wurde. Darüber hinaus jedoch bekommt es im Orakel- oder Zauberspiegel die Bedeutung eines tiefen, verborgenen Wissens um die Realität. In dieser dritten Bedeutung entspricht das Symbol des Spiegels der Leitbildspiegelung. Der Orakelspiegel teilt mit, was ich bisher nicht wußte und was jetzt meinem Leben eine neue Richtung geben kann. Alexander dem Großen wurde ein Zauberspiegel zugeschrieben, durch den man mit dem »Auge der geistigen Wahrnehmung« sieht, das hier und überall ist und alles erkennt. Und im griechischen Patrai gab es einen Orakelspiegel, den die Priesterinnen der Fruchtbarkeitsgöttin Demeter über die Heilungsmöglichkeiten von Kranken befragten.

Orakel gaben meist dunkle und rätselhafte Antworten und regten dadurch die Phantasie an, die gesuchte Lösung zu finden. Auch der Lebenspartner ist eine dunkle und rätselhafte Antwort auf die Frage, in welcher seelischen Entwicklungsstufe ich gerade stehe und was zu tun ist. Ich muß mich mühen, sie zu verstehen. Je mehr ich mich bemühe, desto größer ist meine Hingabe an den Partner. Orakelsprüche sind symbolisch. Wir verstehen sie nicht, wenn wir sie wörtlich nehmen. Wir müssen in den Spiegel hineintreten und in seine Tiefe eindringen – ein verbreitetes Märchenmotiv –, um das Orakel zu verstehen. Das Orakel ist ein Symbol und will gedeutet werden. Auch der geliebte Mensch ist in bezug auf mich ein Symbol und will gedeutet werden. Sehe ich ihn nur oberflächlich, bekomme ich keine Antwort von ihm. Die Liebe motiviert mich, in seinen Spiegel einzutreten und in seine Tiefe vorzustoßen. Weil ich ihn liebe, bin ich von vornherein bereit, alle seine Worte für bedeutungsvoll zu halten und nach ihrem Sinn zu forschen. Ein einfacher Satz eines Menschen, den ich liebe, gibt mir eine tiefere Antwort als ein ganzes Buch, zu dem ich keine Beziehung habe. Die Liebe zieht mich in die Tiefe des Du und in die eigene Tiefe.

Nachdem wir drei Bedeutungen des Spiegels für die Liebesbeziehung nachgegangen sind, nämlich dem Spiegel als Leerheit, als Abwehr und als Orakel, noch eine physikalische Beobachtung, die ein Bild für die Leitbildspiegelung selber ist: Wenn ich genau hinschaue, entdecke ich im Irisrund des Auges meines Gegenübers mein eigenes verkleinertes, auf den Kopf gestelltes Spiegelbild. Diese Beobachtung hat schon in der Antike zum Phantasieren angeregt. Man sah im Püppchen – pupilla – die eigene Seele: die »Pupillen-Spiegel-Seele«. In der Ausdrucksweise der Leitbildspiegelung ist das ganze konkrete Du als Gegenüber ein paradoxes Bild meiner »Spiegel-Seele«, ein »Bild meines heimlichen Lebens«.

Warum nicht ab und zu spielerisch zur physikalischen »Grundlage« der Leitbildspiegelung zurückkehren, indem wir uns nach Beendigung eines Streites »tief in die Augen schauen« – nicht, um uns mit dem »bösen Blick« zu vernichten, sondern um gegenseitig unsere Spiegelbilder im Irisrund des Gegenübers zu suchen? Wenn wir Glück haben, gibt uns diese optische Leitbildspiegelung den Anstoß zu einer seelischen.

Dieses Kapitel über den Partner als das »Bild meines heimlichen Lebens« wäre unvollständig, wenn ich nicht auf eine Form von Partnerschaft zu sprechen käme, die dem bisher Gesagten zu widersprechen scheint.

Es scheint schicksalhafte, zerstörerische Bindungen zwischen Mann und Frau ohne jedes seelische Wachstum zu geben, die trotzdem Liebesbindungen sind. Es ist schwer faßbar, wie Menschen, die sich durch Jahrzehnte in ihren Lebensäußerungen gegenseitig beschnitten und Leid auf Leid zugefügt haben, bis zu ihrem Ende zusammenbleiben, als hätten sie eine Mission zu erfüllen, einen Auftrag auf Leben und Tod. Mit Absicht stelle ich diese Art von Partnerschaft einseitig destruktiv dar. Sie soll als extremes Modell für die These gelten, daß der Sinn jedes Menschenlebens im Aufnehmen einer Beziehung zur Welt und in der Hingabe an ein Du liegt.

Meist finden wir in der Kindheit beider Partner sadistische Erziehungspersonen. Beide stehen sie ohne Zweifel unter einem Wiederholungszwang in der widersinnigen Hoffnung, durch aktive Wiederholung der passiv erlittenen Grausamkeiten endlich doch den Kreis der Zerstörung sprengen zu können. Dies erklärt, warum sie ineinander verkrallt sind und sich nicht lösen können.

Doch warum sind diese beiden Menschen Liebende? Welchen rätselhaften Sinn will jeder durch seine Liebe zum Quäler erfüllen? Ist es nur eine kranke Form der Hingabe, die einzige, die ihnen möglich ist? Der Sadomasochismus als Umweg zur Liebe? Warum geben sie sich einander hin? Was ist das Ziel ihrer Hingabe?

Ohne auf diese Fragen einzugehen, müßte ich mich bezichtigen, eine vorwiegend helle Welt seelischen Wachstums dargestellt zu haben, zwar mit Krisen bis hin zu Trennung und Scheidung, die aber doch auch im Dienste eines neuen Anfangs und schließlichen Gelingens stehen. Jenen Paaren aber gelingt nichts als Zerstörung: Hinterhältigkeit, Grausamkeit, Wut, Haß. Wenn der eine stirbt, atmet der andere nicht auf, sondern stirbt auch oder führt ein dumpfes Schattendasein. Mit dem Tod des anderen hat das Leben seinen Sinn verloren, weil nichts mehr lebendig ist. Hätten sich die beiden scheiden lassen, wären sie in der nämlichen Weise schon damals »gestorben«. Zu tief wurzelt die Zerstörung in ihrem Leben, zu bestimmend ist seit frühester Kindheit dieses Schicksal eines Lebens in Grausamkeit, als daß sie sich durch eine Scheidung davon hätten befreien können. Jeder ist Opfer des andern, wie er es schon in der Kindheit war. Für beide war seit jeher das Zerstört-Werden die einzige Form von »geschenkter« Lebendigkeit.

Warum bringen sich solche Menschen nicht um? Ich denke bei dieser Frage weniger an Selbstmord als an tragische Unglücksfälle oder Krankheiten, die »wie gerufen« kommen. Sie wollen offenbar leben. Woher nehmen sie die Kraft zu einem solchen Leben? Wie ist es möglich, sich einem solchen Leben hinzugeben?

Man könnte darauf antworten, daß sie ja nicht nur als Opfer vom andern zerstört werden, sondern ihn auch selber aktiv zerstören und die Lust daran ihre Lebensgier weckt und nährt. Doch ist ja jeder letztlich in seiner Erfahrung nur ein Opfer, das aus dem Gefühl der Notwehr den Quäler quält. So müssen wir die gleiche Frage wiederholen: Welches sind Beweggrund und Antrieb für die Hingabe an ein solches Leben?

Darauf gibt es nur ein Wort als Antwort: Eros. Ich meine, daß sich in diesen Liebenden die Kraft des Eros sogar deutlicher zeigt als bei Menschen, die es sich leisten, über längere Zeit die Liebe zu vernachlässigen. Diese beiden brauchen den Eros – die affektive Beziehung zum Du ohne Unterlaß –, um ihr Leben, ein Leben fortschreitender Zerstörung, annehmen zu können, um ja zu den unzähligen Grausamkeiten zu sagen, aus denen ihr Leben besteht. Sie lieben sich gegenseitig in der einzigen Sprache, die sie verstehen: in der Sprache der Destruktivität. Den anderen lieben heißt ihn zerstören, weil die Bejahung seines Wesens die Bejahung seiner Destruktivität ist. Vom anderen zerstört zu werden heißt: Er liebt mich so, wie ich bin. Die Zerstörung wird in Kauf genommen, weil sie den Gewinn einer Beziehung bringt.

Für diese beiden Menschen ist Liebe wirklich stärker als der Tod, obschon oder gerade weil sie den Tod gibt. Ein Leben in der Vernichtung und doch Liebe. Der Preis der Zerstörung und des Todes ist nicht zu hoch für die Liebe. Kein Wachstum, nur Zerstörung und Auflösung – und trotzdem Hingabe, Verbindung, Einswerdung zweier, die sich zerstören. Für sie ergibt sich der Sinn des Lebens einzig aus der Tatsache, daß sie sich an ihr Leben, ihre Zerstörung gegenseitig hingeben.

Gehören derart schicksalhafte, destruktive Anteile nur zu anderen Menschen? Ist in uns alles entwicklungsfähig und zukunftsträchtig? Gibt es in uns keine Stätten des Todes, wo nichts wächst, Brandherde der Zerstörung? Strebt alles in uns nach Auferstehung und neuem Anfang? Vor einem Menschen, der das schicksalhaft Böse nur im andern sieht, sollten wir uns in acht nehmen, denn keiner könnte uns so radikal schaden wie dieser. Wir haben alle einen irreversiblen, unbekehrbaren Teufel in uns, mit dem wir in einem tiefen, hoffnungslosen Mitgefühl verbunden sind. Wir lieben ihn wie eine Mutter ihr todkrankes Kind. Er ist in unserer Erfahrung ein Gegenbild zum höchsten Wert, zum erstrebenswertesten Gut. Er tritt nicht ins Spiel unserer Gegensätze ein; er ist gleichsam ein »Gegen-Selbst«: autonom und steril. Allein seine Existenz ist ein Zeichen völliger Destruktivität.

Ich bin noch nie einem Paar begegnet, das so ausschließlich in der Destruktivität verbunden war wie das von mir modellhaft beschriebene; ich kenne keine absolut bösen Menschen ohne jede Wachstumsmöglichkeit. Doch ging es mir um die Verdeutlichung der These, daß Hingabe und Beziehung für jeden Menschen lebensnotwendig sind, wenn nicht zum eigenen Wachstum, so doch zur Annahme eines tragischen Schicksals. Dies ist das Gegenbild zur Leitbildspiegelung: Deren Ziel ist, seelisches

Wachstum zu fördern. Beide sind Hingabe, die eine im negativen, die andere im positiven Sinn, beide sind Eros, weil sie die Beziehung zum Du suchen. Dieses tragische Paar ist nicht nur erschreckend in seiner Destruktivität, sondern auch vorbildhaft in seiner völligen Hingabe. Wohlverstanden: Die beiden zerstören nicht außerhalb ihrer Partnerschaft. Dies verhindern sie um jeden Preis, weil es keinen Sinn hätte. Sie leben zu zweit wie in einer Oase der Grausamkeit als einziger Möglichkeit, ihre Isolierung zu sprengen.

Lieben wir den Partner samt seinen Todesstätten, wo kein Leben keimt? Und fühlen wir uns von ihm auch mit unserem »Gegen-Selbst« geliebt? Es wäre verständlich, wenn diese Fragen verneint würden. Und doch wäre die Verneinung Ausdruck eines entscheidenden, fundamentalen Versagens in der Partnerschaft. Etwas in uns wäre wie ein todkrankes Kind, das von keiner Mutter geliebt wird, und wie eine Mutter, die ihr todkrankes Kind verläßt. Irreversiblen, destruktiven Anteilen gegenüber sollten wir eine mütterliche Haltung einnehmen. Die Mutter nimmt ihr todkrankes Kind an und pflegt es, aber sie läßt sich von ihm nicht in den Tod ziehen. Sie liebt ihr Kind und grenzt sich gegen die Destruktivität ab, die es verkörpert. Dies ist für sie möglich, weil sie in sich anderes als nur Destruktives hat. Menschen mit Wachstumsmöglichkeiten müssen mit diesen in Leitbildspiegelung treten und sich gegen die eigene Destruktivität unbedingt abgrenzen. Aber es ist nicht auszuschließen, daß Menschen mit einer übermächtig schicksalhaften, nicht oder nicht mehr zu beeinflussenden Destruktivität nur über diese zueinander in Beziehung treten können.

Schlußbetrachtung: Die erotische Einstellung

Das Nein *in* der Liebe bedeutet erstens das Nein zur Totalherrschaft des Ich und zweitens das Ja zur Relativierung und Wandlung des Ich in der Hingabe an ein Du. Dies darzulegen habe ich in diesem Buch versucht. Das Nein in der Liebe dient der Stärkung der oft erwähnten erotischen Grundhaltung oder erotischen Einstellung. In ihr sind wir nicht nur mit dem Du, das wir besonders lieben, sondern auch mit den Menschen aus unserer näheren und ferneren Umgebung und mit der übrigen belebten und unbelebten Natur im Gefühl des Einsseins verbunden.

Es geht nun darum, bereits Gesagtes noch von anderen Seiten her zu beleuchten und zusammenzufassen. Diese Betrachtungen sollen die Realisierung erleichtern.

Unsere Einstellung zum Leben ganz allgemein offenbart sich in unserer zentralen Liebesbeziehung. An ihr läßt sich ablesen, ob unsere Grundhaltung eine erotische ist und was uns von einer erotischen Grundhaltung noch trennt. Deswegen bezieht sich das Thema dieses Buches hauptsächlich auf die Liebesbindung von Mann und Frau. Doch schließt die hier vertretene Auffassung aus, daß diese Liebesbindung zu einem Ersatz für das verantwortliche In-der-Welt-Sein wird. Eine Zweierbeziehung, die sich der Welt vorenthält, läßt gerade darin erkennen, daß sie nicht auf Liebe, sondern auf Projektionen beruht. Projektionen trennen den Menschen seelisch von seiner Umwelt, obwohl sie die Verbindung zu ihr suchen. Liebe schließt die Umwelt ein, und zwar gerade da, wo die tätige Zuwendung am nötigsten ist. Förderung von Menschen aus unserer näheren Umgebung und gesellschaftliche Verantwortung werden durch eine Liebesbeziehung nicht relativiert und in den Hintergrund gedrängt. Eine Liebesbeziehung ist im Gegenteil Energiefokus für die erotische Einstellung in allen Bereichen, in denen wir leben, und fördert die Hingabe an die uns gestellten Aufgaben.

Wäre die erotische Einstellung nur eine Empfindung, könnten wir sie nicht als Einstellung bezeichnen. Sie wird zwar in der Liebesbeziehung von der Empfindung her in Bewegung gesetzt. Doch ob sie zur dauerhaften Einstellung werden kann, hängt davon ab, ob wir in unsere Liebesempfindung mit dem Verstand und dem Willen einstimmen und ob wir imstande sind, den Eros von Tag zu Tag in unserem Leben zu strukturieren. Somit ist auch die Frage, die sich ein Liebender manchmal stellt, nämlich ob er »noch« Liebe empfindet, einseitig gestellt. Umfassender und richtiger gestellt müßte die Frage lauten, ob er in seiner Hingabe an das Du so weit kommt, daß dieses in seiner Entwicklung gefördert wird und er selber sich dabei erlebt und fördert. Allein die Tatsache, daß er die Frage noch in dieser einseitigen Form stellt, offenbart, daß seine Hingabe mangelhaft ist. Mit einer festen erotischen Einstellung entfällt die Versuchung, sich zu fragen: »Liebe ich meinen Partner eigentlich noch?«

Die erotische Grundhaltung vereinigt zwei gegensätzliche Einstellungen, die sich für gewöhnlich ausschließen: die dauerhafte, bewußte Beziehung nach innen zur eigenen Seele und die bewußte, dauerhafte Beziehung zur Außenwelt, also Introversion und Extroversion. Das Entweder-Oder von Extraversion oder Introversion erschwert den Zugang zur erotischen Grundhaltung. Mein Anliegen war es, die Möglichkeit ihres Zusammenspiels in der Leitbildspiegelung zweier Liebender konkret aufzuzeigen. Die Hauptschwierigkeit bestand darin, dem Nein zum geliebten Menschen, das heißt der Abgrenzung von ihm, dem Widerstand und der Abwehr gegen ihn, einen Ort und einen Sinn innerhalb der Liebe zu geben und das Nein zum geliebten Menschen als Ja zur Liebe für ihn zu begreifen. Diese Deutung des Nein zum geliebten Menschen als eines Nein *in* der Liebe, also eines Ja *zur* Liebe, legt die innere Dynamik der erotischen Einstellung frei und fördert sie.

Ja und Nein: Um die Eigenart einer Liebesbeziehung zu erfassen, muß sich auch die Sprache im Mittelfeld zwischen Identität und Abgrenzung, Erfahrung und begrifflichem Denken hin- und herbewegen. Es ist ohnehin die Gefahr eines psychologischen Buches, sich durch die Übernahme eines festen Begriffsrahmens von der Lebendigkeit des Seelischen zu entfernen. Ich bemühte mich, der Bequemlichkeit zu widerstehen, in feste Begriffe und Denkmechanismen »einzurasten«. Es schien mir, die Glaubwürdigkeit meiner Aussagen hänge davon ab, ob ich sie mit der erotischen Einstellung machen könne.

Daher entschloß ich mich, auf die Nennung auch solcher Autoren zu verzichten, denen ich in meinem Denken und Fühlen am meisten verdanke. Dies geschah nicht aus Überheblichkeit, auch nicht aus dem Bedürfnis nach Originalität um jeden Preis oder weil ich mich meiner Herkunft schäme. Es geschah einzig aus dem Grundanliegen der Leitbildspiegelung heraus, nämlich Ansichten und Meinungen weder in einseitiger Objektivität und äußerlicher Logik »abzuhandeln«, noch die »Wahrheit« auf eine bloß subjektive Erfahrung zurückzubinden, sondern im möglichst realistischen Spiegelbild der Außenwelt, also auch meiner geistigen und seelischen »Erziehungspersonen«, Einsichten zu vermitteln, die meine eigenen sind, weil sie mir am Herzen liegen. Die Askese im Verzicht auf eine Fachsprache – abgesehen vom Begriff Leitbildspiegelung, dessen Gültigkeit und Lebendigkeit für mich ich nicht mißtraue, weil ich ihn selber geprägt habe – und die Askese im Zitieren von Autoren, denen ich mich verpflichtet fühle, haben ihren einzigen Sinn in dieser Bemühung um Authentizität.

Der erotischen Einstellung sollen nun die folgenden letzten Betrachtungen gehören. Zu Beginn einer Liebesbeziehung erwachen in uns fast unbegrenzte Hoffnungen, sowohl auf den andern als auch auf die Veränderungen, die er in unserem Leben bewirken soll. Der Erwartungshorizont unseres Lebens hat sich mit einem Mal erweitert. Doch nach und nach, aufgrund alltäglicher Erfahrungen mit dem Partner, sehen wir uns gezwungen, unsere Hoffnungen und Erwartungen den »Realitäten« anzunähern. Und doch war das anfängliche grenzenlose Gefühl, das Freiheit und Ausweitung des Lebensradius versprach, keine Illusion. Wir haben es bloß falsch gedeutet. Wir haben irrtümlicherweise angenommen, es meine eine fast unbegrenzte Zahl neuer objektiver Entwicklungsmöglichkeiten dank der Verbindung mit dem Menschen, den wir lieben. Doch genaugesehen war nicht der Gegenstand unseres Gefühls grenzenlos, denn die Entwicklungsmöglichkeiten jedes Menschen sind beschränkt. Grenzenlos war unser

Gefühl selber. Unsere frühere enge Lebenseinstellung hat sich geöffnet. Sie ist zu einer erotischen Einstellung geworden.

Diese Zusammenhänge gilt es zu sehen, wenn nach und nach die Erwartungen an unsere Lebensbeziehung auf alltägliche Dimensionen zurückschrumpfen. Jetzt können wir nur Liebende bleiben, wenn wir nicht weiterhin künstlich versuchen, uns an illusorische Vorstellungen zu klammern, etwa, daß eben eines Tages doch einmal völlige Harmonie mit dem anderen herrschen werde oder daß er die charakterlichen Schwächen, die seit einiger Zeit beunruhigend deutlich zutage treten, wieder ablegen werde, oder allgemein, daß ich dank dieser Partnerschaft zum glücklichsten aller Menschen werde.

Was wir uns wirklich »versprochen« haben, war das uneingeschränkte Gefühl der Liebe. Ein bloß passives Gefühl läßt sich aber auf Dauer nicht halten. Es wird von den banalen Alltäglichkeiten aufgefressen. Das Gefühl muß aktiv werden, um Dauerhaftigkeit zu erlangen. Es muß zu einer bewußten Einstellung werden: zur erotischen Einstellung der Hingabe. Der Sinn des »grenzenlosen Gefühls» ist die erotische Einstellung.

Unter erotischer Einstellung verstehe ich nicht die unrealistische Überschätzung der eigenen Liebesfähigkeit, etwa im heldischen Traum, einen Menschen von allen Leiden dieser Welt zu erlösen. Ich meine damit vielmehr die grundsätzliche Offenheit zum Du, die darin besteht, daß wir auch in »verhockten«, blockierten Beziehungssituationen von ihm Lebensimpulse erwarten: zum Beispiel auch von seiner Traurigkeit, seiner zermürbenden Abwehr gegen mich, seinem kindlichen Verhalten. Der Satz: »Damit habe ich nichts zu tun; das ist nicht mein Problem«, ist Verrat an der erotischen Einstellung. Alles, was mit dem Du zu tun hat, ist bedeutsam für mich und hat mir etwas zu sagen. Nicht daß ich für die Stimmungen und Schwierigkeiten des anderen verantwortlich wäre. Doch ist der Mensch, den ich liebe, auch in seinen abstoßenden und lästigen Seiten ein »Bild meines heimlichen Lebens«. Einesteils, weil meine besondere Liebe zu diesem und nicht zu einem anderen Menschen ein Hinweis auf meine eigene innere Persönlichkeit ist, mit der ich mich verbinden muß, andernteils, weil nichts außer der Liebe mich motivieren kann, mich mit den unangenehmen und schmerzlichen Tatsachen des Lebens überhaupt ernsthaft auseinanderzusetzen und ihnen nicht auszuweichen.

Nur in der Liebesbeziehung können wir lernen, unsere Grenzen nach und nach auszuweiten. Wer außer dem geliebten Menschen dürfte es wagen, uns regelmäßig herauszufordern? Woher, außer von der Liebe, bekommen wir die nötige Energie, um festgefahrene Gewohnheiten und Ansichten zu lockern und fremde Bereiche in unsere Persönlichkeit mit einzubeziehen?

Zwar können manche Menschen auch ohne eine zentrale Liebesbeziehung unermüdlich für andere sorgen. Doch gelingt es niemandem, seine Persönlichkeit von innen her grundlegend zu wandeln, es sei denn, er teilt sein Leben mit einem Menschen, den er liebt. Das ist die Grenze der Nächstenliebe, die ihre Wurzeln nicht in der erotischen Liebe hat. In unverbindlichen Liebesbeziehungen erliegen wir oft der Versuchung, die Leitbildspiegelung nur so lange zu suchen, wie ein gutes Lebensgefühl uns wärmt. In entscheidenden Situationen aber verweigern wir die Herausforderung, ein anderer zu werden. Im Gegensatz dazu bin ich mit diesem Menschen in einer hartnäckigen Hingabe verbunden, die es mir unmöglich macht, auszuweichen. Halb bewußt helfe ich sogar regelmäßig mit, die Spannung mit ihm aufzuladen, um die Kraft der Hingabe einmal mehr auf die Probe zu stellen und eine weitere dunkle Seite meiner Persönlichkeit in der Auseinandersetzung aufzuhellen. Ich bin zum Beispiel zwar tief gekränkt, daß der Partner mir nun schon seit drei Tagen stur und verstockt jede Zuwendung verweigert, nur weil er sich über meine Unordentlichkeit und Gleichgültigkeit ärgert; doch gleichzeitig arbeitet in mir die Phantasie auf Hochtouren: Was meint diese Sturheit und Verstocktheit für mich? Ist sie vielleicht sinnvoll? Muß ich etwa diese meine unordentliche Gleichgültigkeit, die das Gegenteil der Sturheit des Partners ist, in diesen oder jenen Belangen ablegen, auch aus innerer Notwendigkeit, nicht nur, weil sie dem Partner nicht paßt? Lasse ich mich gehen, obwohl das Bedürfnis nach Ordnung und klaren Zielsetzungen auch in mir ist, und seit einigen Tagen besonders stark? Ist es das, worin sich mein Selbst im Du wie in einem Leitbild spiegelt? Meint deine Sturheit und Verstocktheit auch meinen eigenen dezidierten Widerstand, mich weiterhin mit meiner Nonchalance abzufinden? Und ist deine unnachgiebige, starre Haltung ein extremes Leitbild für die klare Strukturierung des Lebens, die mir fehlt?

Käme dieser innere Dialog nur aus meinem schlechten Gewissen und aus einem kindlichen Liebesbedürfnis, würde ich mich in der Folge nicht so offen, entspannt und belebt fühlen. Ich hätte danach nicht dieses Gefühl einer neuen Freiheit, die mich unter anderem auch in meinem Beruf oder in anderen Beziehungen Initiativen ergreifen läßt. Dieser innere Dialog war wirklich eine Leitbildspiegelung: Im Symbolbild des Du habe ich tatsächlich eine jetzt zu entwickelnde Seite in mir selber wahrgenommen, nämlich die Ordnung und Struktur, die mir bisher gefehlt haben. Hätte ich mich dem anderen bloß angepaßt, wäre ich jetzt gelähmt und lustlos. Anpassung um des lieben Friedens willen ist mir natürlich auch bekannt. Man fühlt sich dann bestenfalls erleichtert, aber nicht wirklich frei. Dieser Anpassung fehlen die Neugierde und Offenheit für alles, was sich bewegt und aus mir leben will, sowie die innere Evidenz einer neuen, zu mir gehörigen Entwicklung und die lustvolle Verbindung mit dieser. Es fehlt ihr also die erotische Einstellung, doch gerade diese habe ich zurückerhalten.

Dieses letzte Beispiel soll veranschaulichen, was unter der für die erotische Einstellung charakteristischen Offenheit und Durchlässigkeit zu verstehen ist und wie diese eine fruchtbare Leitbildspiegelung in Gang setzen kann. Die erotische Einstellung besagt: Lenke deine Aufmerksamkeit vom Ich zum Du, versuche, mit der Energie, die durch die Liebe freigesetzt wird, jenes symbolische Leitbild im Du wahrzunehmen, das dir jetzt not tut. Schaue genau hin, dann nimmt es bereits in dir Gestalt an. Mit deinem bisherigen Ich geht es eine neue Verbindung ein und bildet deine neue, dem Selbst nähere Persönlichkeit.

Bibliographie

Bächthold-Stäubli, H. (Hrsg.): Handwörterbuch des deutschen Aberglaubens. Bd. 1, Berlin 1927

Barz, H.: Stichwort: Selbstverwirklichung. Stuttgart 1981

Buber, M.: Ich und Du. Heidelberg 1983

Cardena, E.: Das Buch von der Liebe. Gütersloh 1981

von Franz, M. L.: Spiegelungen der Seele. Stuttgart 1978

Freud, S.: Über einige neurotische Mechanismen bei Eifersucht, Paranoia und Homosexualität. In: Gesammelte Werke, Bd. 13, Frankfurt 1976

Freud, S.: Drei Abhandlungen zur Sexualtheorie. In: Gesammelte Werke, Bd. 5, Frankfurt 1981

Freud, S.: Das Tabu der Virginität. In: Gesammelte Werke, Bd. 12, Frankfurt 1979

Freud, S.: Einige psychische Folgen des anatomischen Geschlechtsunterschieds. In: Gesammelte Werke, Bd. 14, Frankfurt 1976

Freud, S.: Hemmung, Symptom und Angst. In: Gesammelte Werke, Bd. 14, Frankfurt 1976

Fromm, E.: Die Kunst des Liebens. Berlin 1980

Das Geheimnis der goldenen Blüte. Ein chinesisches Lehrbuch. Kommentiert von C. G. Jung. Aus dem Chinesischen von R. Wilhelm. Olten 1984

von Glasenapp, H. (Hrsg.): Pfad zur Erleuchtung. Köln 1980

Guggenbühl-Craig, A.: Die Ehe ist tot – Lang lebe die Ehe. Zürich 1980

Hillmann, J.: Die Suche nach Innen. Zürich 1981

Hillmann, J.: Verrat. In: Analytische Psychologie 10/1979, S. 81–102

Jung, C. G.: Psychologische Typen. In: Gesammelte Werke, Bd. 6, Olten 1981

Jung, C. G.: Mysterium Coniunctionis. In: Gesammelte Werke, Bd. 14/2, Olten 1984

Jung, C. G.: Aion. In: Gesammelte Werke, Bd. 9/2, Olten 1983

Jung, C. G.: Praxis der Psychotherapie. In: Gesammelte Werke, Bd. 16, Olten 1984

Jung, C. G.: Über die Entwicklung der Persönlichkeit, In: Gesammelte Werke, Bd. 17, Olten 1985

Kerényi, K.: Die Mythologie der Griechen. Bd. I und II, München 1977

Lao-Tse: Tao Tê King. Zürich 1959

Lemaire, J.: Les thérapies du couple. Paris 1971

Lowen, A.: Liebe und Orgasmus. München 1985

Moser, T.: Stufen der Nähe. Ein Lehrstück für Liebende. Frankfurt 1984

Nell, R.: Traumdeutung in der Ehepaar-Therapie. München 1976

Neumann, E.: Zur Psychologie des Weiblichen. Frankfurt 1983

Neumann, E.: Amor und Psyche. Olten 1984

Paul, N./Paul, P.: Homosexuelle Phantasien, Partnerwahl und eheliche Harmonie. In: Zeitschrift Familiendynamik ZL 4–1/1979, Stuttgart

von Ranke-Graves, R.: Griechische Mythologie. Reinbek 1986
Rawson, P.: Tantra. München 1974
Richter, H. E.: Flüchten oder Standhalten. Reinbek 1980
Schellenbaum, P.: Die Homosexualität des Mannes. München 1980
Schellenbaum, P.: Stichwort: Gottesbild. Stuttgart 1981
Shah, I.: Die Sufis. Köln 1984
Theweleit, K.: Männerphantasien, Bd. 1, Reinbek 1981
Wiederkehr-Benz, K.: Scheidung – »Stirb und werde«. In: Neue Zürcher Zeitung vom 28/29. Nov. 1981
Willi, J.: Die Zweierbeziehung. Reinbek 1980
Willi, J.: Therapie der Zweierbeziehung. Reinbek 1981
Zimmer, H.: Indische Mythen und Symbole. Köln 1984